DIESES BUCH GEHÖRT:

_____

5 4 3 2 1   28 27 26 25 24
© 2024 Coppenrath Verlag GmbH & Co. KG,
Hafenweg 30, 48155 Münster, Germany
CH: Baumgartner Bücher AG, Centralweg 16, 8910 Affoltern a. A.
Alle Rechte vorbehalten, auch auszugsweise
Satz: Alexander Nuißl
Illustrationen: www.shutterstock.com
Lektorat: Britta Kudla

www.coppenrath.de

Jasmin Bals (Hrsg.)

DAS GROßE BUCH DER MEGA FUSSBALL WITZE

COPPENRATH

DA LACHT DAS GANZE STADION

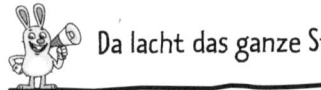

Kurz vor Spielbeginn seines Lieblings-Fußball-Teams kommt Emil beim Stadion an. „Wir sind bis auf den letzten Platz ausverkauft", meint die Ticketverkäuferin an der Kasse.
„Super", meint Emil, „den hätte ich gerne!"

Am Ticketschalter des Stadions kauft sich Ulli bereits zum vierten Mal eine Karte.
Da meint der Verkäufer: „Also, es geht mich ja wirklich nichts an, aber warum kaufen Sie sich denn nun schon die vierte Eintrittskarte?"
Sagt Ulli: „Weil der Idiot am Eingang sie mir jedes Mal wieder zerreißt!"

Ein Spieler trottet nach der Finalfeier mit Zigarette im Mund über den Fußballplatz. Da brüllt ihm sein Trainer hinterher: „He, was glaubst du wohl, warum man auf dem Platz nicht rauchen darf?"
Da ruft der Spieler zurück: „Ja, gute Frage! Warum eigentlich nicht?"

Nach dem Spiel fragt ein Spieler den Linienrichter: „Sagen Sie mal, wie heißt denn Ihr Hund?"
Sagt der Linienrichter: „Wie, was? Ich habe doch überhaupt keinen Hund!"
Darauf der Spieler: „Oje, Sie Ärmster. Blind und keinen Hund ..."

Der Spitzenstürmer hat vier fabelhafte Tore in einem Spiel gemacht. Die Reporterin ist begeistert. „Sagen Sie mal, woran liegt es, dass Sie in jedem Spiel mindestens ein Tor und meistens sogar zwei, drei oder vier schießen?"

„Tja. Das kann ich heute leider noch nicht sagen", antwortet der Spieler. „Ich verhandle noch über einen Werbevertrag mit dem Hersteller meiner Schuhe, dem Müslilieferanten und der Molkerei. Sie können also später in der Werbung sehen, woran es liegt!"

Treffen sich zwei alte Freunde auf der Straße. „Du wirst es nicht glauben", sagt der eine, „aber ich habe tatsächlich für mich und meine Frau noch zwei Karten für das Champions-League-Finale ergattert!"
„Wie toll! Da wird sich deine Frau aber freuen."
„Ich weiß nicht so recht. Sie wollte ja eigentlich ins Theater."

Plötzlich fliegt mitten im Spiel eine Flasche aufs Spielfeld und landet neben dem Schiedsrichter. Da schreit er: „Warum wirft hier irgendein Idiot eine Flasche aufs Spielfeld?"
Meldet sich ein Zuschauer: „Damit Sie nicht alleine sind, Schiri!"

Zwei Dauerkartenbesitzer treffen sich Woche für Woche im Stadion. Immer die gleichen Plätze auf der Tribüne. Plötzlich kommt einer von beiden vier Wochen lang nicht mehr. In der fünften Woche begrüßt ihn sein Kumpel endlich wieder: „Mensch, Thomas, du warst ja lange weg! Und du hast dich ganz schön verändert."

Sagt sein Nachbar: „Was wollen Sie von mir? Ich heiße überhaupt nicht Thomas!"

Da ist sein angeblicher Kumpel aber wirklich überrascht. „Was? Thomas heißt du auch nicht mehr?"

EM-Finale, die Menge tobt, das Stadion ist restlos ausverkauft.

Doch auf der Mitteltribüne sitzt ein Besucher und neben ihm ist ein Platz frei.

Da fragt der Sitznachbar: „Na, sagen Sie mal. Lassen Sie den Platz einfach verfallen?"

Der Besucher: „Ja, leider. Der Platz ist eigentlich für meine Frau, aber die ist kürzlich verstorben."

„Oh, das tut mir sehr leid", sagt der Nachbar. „Wollte denn keiner Ihrer Freunde oder Bekannten stattdessen mitgehen?"

„Ne", sagt der Mann, „die sind ja alle auf der Beerdigung."

Auf der Tribüne im Stadion unterhalte sich zwei Dauerkartenbesitzer. „Ach, Erwin", sagt der eine, „jetzt gehen wir seit 25 Jahren zu jedem Heimspiel und sitzen hier Jahr für Jahr! Wollen wir nicht mal was anderes machen?"
„Okay", sagt Erwin, „wir tauschen die Plätze!"

Zwei Freunde kommen zehn Minuten nach dem Anpfiff ins Stadion. Einer ist stinksauer. Da meint der andere: „Ist doch nicht so schlimm. Bleiben wir halt nach dem Abpfiff noch zehn Minuten länger."

Schon wieder kassiert Hauke eine Gelbe Karte. Der Schiedsrichter ist langsam verzweifelt. „Mensch, Hauke!", wütet er. „Hat dich deine letzte monatelange Sperre denn kein bisschen gebessert?"
Da meint Hauke: „Schon ein bisschen, aber ich möchte noch besser werden!"

Zwei alte Fußballexperten treffen sich im Wettbüro.
Da fragt der eine: „Sag mal, jetzt wetten wir seit fast vierzig Jahren jede Woche auf alle möglichen Spiele. Hast du eigentlich schon jemals beim Fußball Geld verdient?"

 „Und ob", antwortet der andere. „Erst letzte Woche, da hab ich hinter der Tribüne ein Zwei-eurostück gefunden."

Pressekonferenz zum hochgelobten brasilianischen Wunderspieler nach dem ersten, allerdings sehr enttäuschenden Spiel im neuen Verein. Ein Reporter fragt: „Stimmt es, dass seine Beine vom Verein mit zehn Millionen Euro gegen Arbeitsunfähigkeit versichert wurden?"
„Ja, das stimmt", bestätigt der Vereinspräsident.
„Und?", hakt der Reporter nach. „Hat die Versicherung bereits gezahlt?"

Der Schiedsrichter zeigt der Stürmerin die Gelb-Rote Karte. „Mein Gott", brüllt er, „wann lernen Sie endlich mal, dass diese Tätlichkeiten nichts bringen? Ich sehe doch eh alles!"
Antwortet die Stürmerin:
„Alles? Das glauben auch nur Sie, Schiri!"

In der Halbzeitpause an der Pommesbude.
Ein Fan beschwert sich: „Mann, deine Pommes sind
kalt und matschig!"
Darauf der Verkäufer: „Also bitte, ich habe schon
Pommes gemacht, da warst du noch in den
Kinderschuhen!"
Der Fan wundert sich: „Und warum servierst du die
Dinger erst jetzt?"

Der Fernsehreporter bekommt den Spieler
direkt nach dem Abpfiff vor die Kamera. „Sind
Sie mit Ihrer Leistung zufrieden?", will der
Reporter wissen.
„Absolut", antwortet der Spieler. „Ich habe
zwei super Tore gemacht."
Da meint der Reporter mit vielsagendem Blick
zur Kamera: „Das Spiel endete 1:1."

Ein Paar fährt für ein wichtiges Finalspiel quer
durch ganz Deutschland. Dort angekommen geht
die Frau noch mal das ganze Gepäck durch. „Zwei
Koffer, ein Rucksack, die Tasche – alles da", sagt sie.
Da antwortet der Mann: „Gut. Fehlt
nur noch das Sofa."
„Wieso willst du denn das Sofa
zum Fußballspiel mitneh-
men?", wundert sich die Frau.
„Weil auf dem Sofa die Ein-
trittskarten liegen."

Zwei Fans unterhalten sich. „Hast du schon gehört? Unser Keeper hat den Verein gewechselt."
„Hab ich in der Zeitung gelesen. Aber wer soll der zweite Spieler sein, der gewechselt hat?"
„Wieso? Welcher zweite Spieler denn?"
„Na, da stand doch in der Zeitung: Mit dem Keeper geht unser bester Spieler."

Ein Spieler der Gastmannschaft beschwert sich: „Das ist ja ein verdammt langer Weg bei euch von der Kabine bis zum Spielfeld."
„Reg dich ab", sagt sein Gegenspieler, „auf dem Rückweg wirst du ja getragen."

 Reporter: „Herzlichen Glückwunsch zum Sieg! Was empfinden Sie nach einem gewonnenen Spiel Ihrer Mannschaft?"
Trainer: „Puh. Kann ich noch nicht sagen. Ist ja erst das erste Mal. Und schließlich trainier ich die Jungs ja auch erst die dritte Saison."

„Haben Sie kurz drei Sekunden Zeit?", fragt eine Zuschauerin nach dem Spiel den Schiedsrichter.
„Ja, drei Sekunden", antwortet der Schiri.
„Na, dann erzählen Sie mir doch mal alles, was Sie über Fußball wissen."

Nach dem Spiel im Stadion: Die Zeitungsreporterin macht ein ausführliches Interview mit dem Erfolgstrainer. „Sie gelten als das größte Taktikgenie unter den Fußballtrainern und das, obwohl Sie gar nicht als Fußballer angefangen haben?"

„Das ist richtig", antwortet der Trainer, „ich habe zuerst Schach gespielt, auf Weltklasseniveau."

Der Schiedsrichter kommt mit einer blutenden Platzwunde nach Hause. Seine Frau ist entsetzt: „O Gott, was haben Sie denn mit dir gemacht?"
„Die haben Tomaten nach mir geworfen."
„Und von Tomaten hast du so eine Platzwunde?"
„Es waren Dosentomaten."

Abends nach dem Ligaspiel bemerkt der Platzwart, wie einer der Spieler im Torraum auf dem Boden kniet und den Rasen streichelt. Fragt der Platzwart: „Sag mal, was machst du denn noch hier?"
„Ach, nichts Besonderes", antwortet der Spieler, „aber der Arzt hat mir nach dem bösen Foul von heute eine Salbe verschrieben und gemeint, ich soll die Stelle einreiben, wo ich draufgefallen bin."

Nach einem heftigen Foul ruft der Schiedsrichter den Täter zu sich und fragt: „Nun sag mir mal drei Gründe, warum man seinen Gegner nicht so brutal foulen darf."

Erwidert der Spieler: „Also, mein Trainer sagt es, der Co-Trainer auch und Sie sind wohl auch der Meinung."

Der Stürmer foult derart offensichtlich im Elfmeterraum, dass ihn der Schiedsrichter sofort zu sich ruft. „Sagen Sie mal, Sie halten mich wohl für einen vollkommenen Idioten?"

„Aber nicht doch!", wehrt sich der Stürmer. „Vollkommen ist doch niemand auf dieser Welt."

Mit schmerzverzerrtem Gesicht wälzt sich der gefoulte Verteidiger übertrieben laut auf dem Rasen. Die Schiedsrichterin eilt herbei und fragt: „Soll ich den Sanitäter rufen oder den Theaterkritiker?"

Während eines wichtigen Spiels platzt dem Trainer irgendwann der Kragen. Er springt über die Bande, rennt hoch zu den Reportern und knöpft sich den Hauptmoderator des Spiels vor: „Hör endlich auf, so schnell zu sprechen! Meine Jungs kommen ja überhaupt nicht mehr mit!"

Endspiel der WM, Haupttribüne. Auf einem der teuersten Plätze sitzt der kleine Gabriel.
„Na, Kleiner, wo hast du denn diese teure Eintrittskarte her?", will sein Nachbar wissen.
„Von meinem Papa", antwortet Gabriel.
„Und wo ist dein Papa?"
„Zu Hause und sucht seine Eintrittskarte."

Ein schriller Pfiff und der Schiedsrichter stoppt nach schwerem Foul den Torlauf des Stürmers. Mit strenger Miene und einer kurzen Handbewegung winkt ihn der Schiri zu sich.
„Sie wissen ja wohl, warum ich Sie zu mir herwinke?", fragt er den Stürmer.
„Lassen Sie mich raten", überlegt der Spieler. „Sie fühlen sich einsam?"

Es regnet in Strömen. Trotzdem soll das Spiel angepfiffen werden. Der Schiedsrichter wirft die Münze und überlässt dem Kapitän die Seitenwahl. Der entscheidet: „Wir möchten zuerst mit der Strömung spielen."

Zwei Fußballfans unterhalten sich: „Ich habe gehört, dass ihr euer Fußballstadion jetzt überdachen müsst?"
„Ja, weil Glücksspiele unter freiem Himmel verboten sind."

Der Trainer sagt während des Stadionspiels zum faulen Florian: „Mensch, Florian! Du musst den gegnerischen Stürmer so eng wie möglich decken."
Winselt Florian: „Aber, Coach, der tritt doch nach allem, was sich bewegt."
Meint der Trainer: „Dann besteht für dich ja keine Gefahr."

Bruno will eine Karte fürs Fußballspiel kaufen. Am Ticketschalter löchert er die Verkäuferin: „Ist der Platz auch wirklich ganz nah am Spielfeldrand?"
Die Verkäuferin genervt: „Garantiert. Noch eine Reihe weiter vorne und Ihr Name erscheint auf der Anzeigentafel."

 Ein Fan beschwert sich am Kaffeestand im Fußballstadion: „Hören Sie mal, der Kaffee ist ja eiskalt!"
Darauf die Verkäuferin: „Oh, vielen Dank, dass Sie so ehrlich sind! Eiskaffee kostet zwei Euro mehr."

Stürzt ein Mann ins Taxi und ruft: „Schnell, schnell, ins Stadion! Ich muss zum Spielbeginn dort sein!"
„Keine Chance", antwortet der Taxifahrer, „die pfeifen immer auf die Sekunde genau an."
„Heute nicht", sagt der Mann, „ich bin der Schiedsrichter."

Der Sportreporter während der Fußballüber-
tragung: „Für diesen spektakulären Sturz im
Elfmeterraum gebe ich ab an meinen Kollegen
von der Schauspielredaktion."

Nach langer Zeit gibt es endlich mal wieder einen
Heimsieg. Der Mannschaftskapitän muss nach dem
Schlusspfiff noch ein Fernsehinterview geben. „Was
ist Ihnen lieber: Weihnachten oder so ein großar-
tiger Sieg im eigenen Stadion?", will der Reporter
wissen.
„Weihnachten", antwortet der Kapitän trocken. „Das
ist jedes Jahr."

Zwei Fans im Stadion. Sagt der eine: „Deine
Flasche ist leer. Soll ich gehen und noch eine
holen?"
Fragt der andere: „Was soll ich mit zwei leeren
Flaschen?"

In der Halbzeitpause bekommt der Schiedsrichter
eine Nachricht in die Kabine gereicht. Darin heißt
es von einem Zuschauer: „Ich bin Augenarzt. Kommen Sie am Montag gleich in meine Praxis. Entwe-
der Sie brauchen dringend Kontaktlinsen oder Sie
haben bereits welche und mit denen stimmt etwas
gewaltig nicht."

Zwei Spieler geraten bei einem wichtigen Spiel aneinander.
„Du bist der größte Idiot auf der Welt!",
schreit der eine.
„Du bist der noch viel größere Idiot!", brüllt
der andere zurück.
Da ruft einer der Trainer vom Spielfeldrand:
„He, Jungs! Habt ihr vergessen, dass der Schiri
auch noch da ist?"

An der Stadionkasse:
„Was kostet ein Sitzplatz?"
„20 Euro."
„Und ein Stehplatz?"
„Zehn Euro."
„Ich hab leider nur fünf. Geht das auch?"
„Nur wenn Sie 90 Minuten lang plus Pause auf
einem Bein stehen."

Heftiger Streit mit dem Schiedsrichter.
Der Stürmer beteuert: „Das war nie eine
Schwalbe!"
„Und wie das eine Schwalbe war!", sagt der
Schiedsrichter. „Du hast dich am Trikot fest-
halten lassen, hast ein Stolpern angetäuscht
und als ich zwischen dir und dem Gegner nicht
durchsehen konnte, bist du ganz prächtig
gefallen. Stimmt's? So war's doch!"
„War's nicht", sagt der Stürmer. „Aber die Idee
ist nicht schlecht."

Während der Spielpause herrscht große Unruhe in der Kabine. Alle schreien durcheinander und jeder gibt dem anderen die Schuld für den miserablen Spielstand. Da springt der Trainer auf und brüllt: „Ruhe! Ich kann ja mein eigenes Wort nicht mehr verstehen!"
Sagt eine Stimme aus dem Hintergrund: „Da versäumen Sie auch nicht viel!"

Lange Warteschlange vor der Ticketstelle des Fußballstadions. Ein Fan geht an der Schlange vorbei und drängelt sich als Erster vor den Schalter. Da schnauzt ihn die Kassiererin an: „Na, so geht das aber nicht! Sie müssen sich schon als Letzter anstellen."
„Geht nicht", sagt der Mann, „da steht schon einer."

Das Spiel ist grandios verloren und der Torwart hat schon wieder fünf eigentlich haltbare Dinger reingelassen. In der Kabine nimmt ihn sich der Trainer vor: „Mensch, Junge! Dass du mir überhaupt noch ins Gesicht schauen kannst."

„Ach Trainer", sagt der Torwart, „man gewöhnt sich an alles."

Kurz vor Spielbeginn kurvt Herr Friedrich über den Stadionparkplatz und sucht verzweifelt einen Parkplatz. Sagt seine Frau genervt: „Das ist mal wieder typisch. Alle anderen 50.000 Zuschauer finden einen Parkplatz, nur du wieder nicht."

In der Halbzeitpause kommt dem erfolglosen Spieler die zündende Idee: „Coach, könnten wir es nicht einmal mit einer anderen Position für mich versuchen?"

„Gar nicht so dumm, deine Idee", sagt der Trainer. „Wie wäre es mit Würstchenverkäufer in der Südkurve?"

Dicht gedrängt steht die Schlange der Fans vor dem Kassenhäuschen am Stadion. „He, entschuldigen Sie mal!", beschwert sich ein Fan sauer. „Sie stehen auf meinem Fuß!"

Erwidert der Vordermann: „Entschuldigung angenommen."

„Sagen Sie mal", wird der Trainer vom Reporter gefragt, „wie kommt es, dass Ihre Mannschaft bei jedem Spiel einen Elfmeter zugesprochen bekommt?"
„Das ist mir auch schleierhaft", wundert sich der Trainer. „Dabei wette ich vor jedem Spiel mit dem Schiedsrichter um 5000 Euro, dass wir keinen Elfmeter bekommen."

Zwei Fußballfans unterhalten sich. Sagt der eine: „Gestern Nachmittag hat das enttäuschte Publikum zum Schluss mit faulen Tomaten und Eiern nach den Spielern geworfen!"
„Aber man hat doch auch tosenden Applaus gehört?"
„Ja, das stimmt. Nach jedem Volltreffer."

Die Trainerin eines großen Fußballvereins gibt eine Pressekonferenz. Ein Reporter hat eine Frage zu dem eher mittelmäßigen Stürmer der Mannschaft: „Wie sieht denn Ihrer Meinung nach die Zukunft Ihres Stürmers aus?"
„Also, für fünf Millionen Euro kann er eigentlich gehen."
Darauf der Journalist trocken: „Und wie viele Millionen müssen Sie bieten, damit er anfängt zu laufen?"

Ein Fußballfan fragt am Ticketschalter der Allianz Arena: „Was kostet eine Karte für das Spiel Bayern gegen Leverkusen?"
„Die teuerste Karte kostet 80 Euro", erklärt die Verkäuferin.
„Okay, dann geben Sie mir bitte eine davon. Hier haben Sie 40 Euro."
„Aber das ist ja nur der halbe Preis!"
„Das weiß ich, aber mich interessiert ja auch nur, wie die Bayern spielen, und nicht, was die gegnerische Mannschaft macht."

Kurz vor dem Heimspiel des RB Leipzig läuft ein Fan hilflos durch die Innenstadt. Schließlich fasst er sich ein Herz und fragt einen Passanten: „Entschuldigen Sie bitte, aber wie komme ich denn zum RB Leipzig?"
Der hilfsbereite Leipziger überlegt kurz und antwortet dann: „Trainieren. Sehr viel trainieren!"

Nachdem der Torwart einen Ball durchgelassen hat, fragt ihn der Reporter: „Warum haben Sie den Ball nicht gehalten?"
Der Torwart antwortet ehrfürchtig: „Der Ball hat zu mir gesprochen."
Der verwirrte Reporter: „Was hat er denn zu Ihnen gesagt?"
„Lass mich durch, ich bin Arzt."

Es sieht gar nicht gut aus: Das Team liegt zur Halbzeit bereits 0:4 zurück und in der Kabine herrscht miese Stimmung. Nur in einem sind sich alle einig: Der Schiedsrichter ist schuld. Da schimpft der Kapitän: „Dem Schiri trete ich noch in den Hintern!"
Sagen die Kollegen: „Vergiss es, den triffst du doch auch nicht."

Ein Mann fragt einen anderen: „Und? Sind Sie öfter im Fußballstadion?"
Antwortet der andere: „Da pfeif ich drauf!"
„Oh, das heißt, dass Sie mit Fußball nichts anfangen können?"
„Ganz im Gegenteil, ich bin Schiedsrichter."

Bestes Fußballwetter und strahlender Sonnenschein! Eine Zuschauerin im Stadion sagt begeistert: „Was für ein Kaiserwetter!"
Da nickt der Mann neben ihr zustimmend und sagt: „Ja, ja, der Beckenbauer hat eben überall seine Finger im Spiel."

Während des Fußballspiels geht ein Mann durch die Reihen und ruft: „Heiße Würstchen, heiße Würstchen!"
Daraufhin ein Fan: „Wen interessiert, wie du heißt? Hast du Hotdogs?"

Am Ticketschalter: „Zwei Karten für das Spiel, bitte."
„Wir haben leider nur noch Stehplätze."
„Gibt es denn wenigstens noch zwei nebeneinander?"

Die Zuschauer im Stadion pfeifen ohrenbetäubend laut. „Warum pfeifen die Leute denn?", fragt ein Fan die Frau neben sich.
Die antwortet: „Jemand hat eine Flasche nach dem Schiedsrichter geworfen."
„Ja, aber der hat ihn doch gar nicht getroffen."
„Eben. Darum pfeifen die Leute ja."

Ein Mann sitzt im Fußballstadion und spricht ständig mit sich selbst. Seine Nachbarin kann es nicht mehr ertragen und fragt genervt: „Warum sagen Sie denn andauernd: ‚20.000 Zuschauer, 22 Spieler, drei Schiedsrichter und zwei Trainer.'?"
Da antwortet der Mann: „Es sind so viele Leute hier im Stadion, und der Vogel hat ausgerechnet mir auf den Kopf gemacht!"

Ein Mann an der Stadionkasse schimpft laut: „Wenn Sie schon zugeben, dass Sie noch nie einen 34-Euro-Schein gesehen haben, wie können Sie dann behaupten, dass dieser hier falsch ist?"

Schalke spielt gegen Bayern. Zwei Minuten nach dem Anspiel fährt ein Zug vorbei und pfeift laut. Die Bayern denken, der Schiedsrichter hätte das Spiel abgepfiffen und gehen nach Hause. 30 Minuten später schießt Schalke das erste Tor.

„Meine Mannschaft zeichnet sich besonders durch ihre jahrelange Erfahrung aus", erklärt der Trainer einem Journalisten während der Pressekonferenz. „Schön und gut", antwortet der Reporter, „aber warum setzt sie diese Erfahrung nie ein, um zu gewinnen?"

Das Freundschaftsspiel ist total langweilig. „Sieh mal", sagt ein Tribünengast zu seinem Nebenmann, „der Co-Trainer ist sogar schon eingeschlafen!"
Sagt der andere: „Das ist aber noch lange kein Grund, mich aufzuwecken!"

Während eines spannenden Fußballspiels sitzt der Trainer hektisch auf der Bank. Plötzlich spring er auf und ruft seinen Spielern zu: „Wieso kommt der Gegner so frei zum Schuss?"
Da ruft ein Spieler genervt zurück: „Weil's ein Elfmeter ist!"

Nach der Pause sagt ein Fußballfan zum anderen: „Unsere Jungs sind ja noch langsamer als in der ersten Halbzeit!"
„Das ist doch logisch! Der Trainer hat sie bestimmt zur Schnecke gemacht."

Eine ältere Dame an der Stadionkasse. Der Kassierer: „Tut mir leid, Karten für das Endspiel und für das Spiel um den dritten Platz gibt es leider nicht mehr."
„Schade", sagt die Dame, „da kann man nichts machen. Aber dann geben Sie mir doch einfach Karten für das Spiel um den zweiten Platz!"

Beim Spiel fragt ein Fußballfan seinen Freund: „Sag mal, was ist eigentlich der Unterschied zwischen einem Schiedsrichter und unserem Stürmer?"
„Ist doch klar: Der Schiedsrichter hat eine Pfeife, unser Stürmer ist eine!"

„Mensch, sind Sie blind?", schreit der zornige Stürmer den Schiedsrichter an. Der will dem Spieler aber noch eine Chance geben, damit er nicht die Rote Karte zücken muss. Deshalb fragt der Schiri: „Hat hier jemand was gesagt?"
Darauf der Stürmer wutentbrannt: „O Mann, und taub ist er auch noch!"

Kurz vor Anpfiff geht der erfolglose Stürmer zu spät auf den Platz, beleidigt den Schiedsrichter, tritt seinem Trainer vors Schienbein und zeigt den Fans den Vogel. Da kommt einer seiner Mitspieler zu ihm und zischt: „Hör auf! Wir haben dich verkohlt – du hast gar nicht im Lotto gewonnen!"

Ein Dritt-Liga-Fan geht zum Heimspiel. Am Ticketschalter legt er ohne Worte einen 50-Euro-Schein auf den Tresen. Daraufhin fragt der Verkäufer: „Wollen Sie ein Ticket oder einen Spieler kaufen?"

Im Stadion beschwert sich ein Fan beim Würstchenverkäufer: „Die Wurst ist ja ganz lecker, aber die Wurstzipfel gefallen mir gar nicht. Die sind viel zu nah beieinander!"

Es ist das letzte Spiel der Saison. Die Heimmannschaft gewinnt. Noch auf dem Stadionplatz, von Fans umjubelt, geht der Stürmer zum Torwart und sagt: „Endlich geschafft! In diesem Jahr werde ich in der Saisonpause nichts machen. In der ersten Woche werde ich nur im Schaukelstuhl sitzen." „Und in der zweiten Woche?", fragt der Torwart. „Da werde ich vielleicht ein wenig schaukeln."

EIN SCHUSS, EIN TREFFER – KURZE FUSSBALLWITZE

„Haben deine Fußballsocken Löcher?" – „Nein." –
„Und wie ziehst du sie dann an?"

 Zwei Fans unterhalten sich: „Hast du schon
gehört? Manuel Neuer ist vom Auto angefah-
ren worden."
„Ach was. Nicht mal im Strafraum ist man
noch sicher."

„Also, Leute", sagt der Trainer in der Halbzeit, „ich
bin echt nicht abergläubisch. Aber die anderen füh-
ren 13:0. Ich fürchte, die Sache ist gelaufen."

Trainer: „Echt, Lenny, das muss ich dir schon
mal sagen: Du bist echt mein bestes Pferd im
Stall."
Lenny: „Danke, Trainer. Das freut mich zu
hören."
Trainer: „Ja, du machst nämlich am meisten
Mist."

Sagt der Pfarrer zum Messdiener: „Wie traurig. Kein Mensch ist mehr in der Kirche. Nicht mal unser Orgelspieler. Wer spielt denn jetzt?"
Antwortet der Messdiener: „Deutschland gegen Brasilien."

Sohn: „Papa, wann hat eigentlich unser Lieblingsverein zum letzten Mal gewonnen?"
Vater: „Frag Opa."

Jahreshauptversammlung im Fußballverein. Der Präsident spricht zu den Mitgliedern: „Liebe Freunde, unser Verein ist pleite, wir müssen sofort umfassende Sparmaßnahmen ergreifen!"
Da ruft einer aus der letzten Reihe: „Na toll. Möchte gar nicht wissen, was das wieder kosten wird."

Rollt ein Fußball um die Ecke und fällt um.

Der Mannschaftsarzt ist verzweifelt: Sein bester Mann hat schon wieder Schnupfen. „Kein Wunder", sagt dieser, „ich stehe ja auch die ganze Zeit im Sturm."

Der erfolglose Stürmer wird ins Büro des Vereinspräsidenten bestellt.
Präsident: „Der Trainer macht sich Sorgen wegen deiner mangelnden Torgefährlichkeit."
Spieler: „Ach, Herr Präsident. Was gehen uns denn die Sorgen anderer Menschen an?"

Ein Spieler klagt: „Oh, es geht mir sauschlecht, richtig hundeelend, ein echter Katzenjammer ist das."
Darauf die Mannschaftsärztin: „Du gehst wohl besser zum Tierarzt."

Vertragsverhandlungen im Büro des Vereinspräsidenten.
„Die Ablösesumme für den Spieler beträgt zwei Millionen Euro."
„Uff, das ist eine Menge Geld. Wie wär's mit der Hälfte?"
„Tu mir leid, halbe Spieler verkaufen wir nicht."

Neueste Meldung: Fernsehübertragungen von Dritt-Liga-Spielen werden immer beliebter. Ein Viertel der Fernsehzuschauer schaltet bereits ein. Der Rest vertraut weiter den bewährten Schlafmitteln.

„Unser Trainer ist der Beste", prahlt Abed. „Vor dem Spiel weiß er genau, wie wir gewinnen, und nach dem Spiel weiß er exakt, warum wir verloren haben."

Gespräch zweier Platzwarte:
„Was macht eigentlich dein natürlich gedüngter Rasen?"
„Allmählich stinkt er mir."

„Musst du eigentlich den ganzen Tag vor der Glotze sitzen und Fußball gucken?"
„Ich muss nicht, aber ich will."

Zwei Gäste schauen sich in einer Fußballkneipe das Länderspiel an.
Will der eine wissen: „Verstehen Sie was von Fußball?"
Sagt der andere: „Nur, wenn der Ton richtig laut aufgedreht ist."

„Hab ich euch nicht gesagt, ihr sollt aufpassen, wann die Gegner ihre Schlussoffensive starten?", tobt der Trainer nach einem wichtigen Spiel in der Kabine.
„Haben wir doch", sagt einer der Verteidiger, „die Schlussoffensive war genau in der 83. Minute."

„Mein Arzt hat mir geraten, das Fußballspielen aufzugeben."
„Oje, hat er dich denn auch genau untersucht?"
„Nein, überhaupt nicht, aber er hat mich spielen sehen."

„Ich bin ein echter Glückspilz", sagt der verletzte Spieler im Krankenwagen auf dem Weg in die Unfallklinik. „Letzte Woche hab ich meine Beine versichern lassen und heute breche ich sie mir."

Der ältere Trainer kann sich mit der neuen Analysesoftware auf dem Computer überhaupt nicht anfreunden. Zu seinen Spielern meint er: „Ich sag's euch, das Ding analysiert Fehler, die wir ohne es gar nicht machen würden!"

Der Fußballtrainer bereitet die Abschlussfeier der laufenden Saison vor. Er bespricht sich mit dem Getränkelieferanten. „Welchen Wein können Sie mir denn empfehlen?"
Da fragt der Verkäufer: „Wollen Sie feiern oder wollen Sie vergessen?"

In der Mannschaftsdusche nach dem Spiel. Leon steht mit aufgespanntem Regenschirm unter der Brause. Da fragen seine Teamkollegen: „Leon, bist du denn völlig durchgeknallt? Was soll der Schirm unter der Dusche?"
Leon: „Ich hab mein Handtuch vergessen."

Jan spielt seit zwei Jahren in der finnischen Fußballliga. Da trifft er seinen Freund Anton nach langer Zeit wieder. Der fragt: „Sag mal, Jan, hast du denn gar keine Probleme mit der Sprache in Finnland?"
Antwortet Jan: „Nein, ich doch nicht. Aber die Finnen."

Auf der Pressekonferenz erklärt der Trainer den Tabellenstand seiner Mannschaft: „Also, zu Beginn der Saison wollte unser Präsident auf Platz 1 stehen und ich habe gesagt, realistisch wäre so Platz 8. Jetzt stehen wir auf Platz 18. Da haben wir also beide recht gehabt."

Der Radioreporter interviewt einen Fan.
„Was empfinden Sie, wenn Ihre Mannschaft gewinnt?"
„Keine Ahnung, fragen Sie mich das nächste Saison noch mal."

Das lang verheiratete Ehepaar sitzt vor dem Fernseher. Beklagt sich die Frau unter Tränen: „Du liebst den Fußball viel mehr als mich."
Meint der Mann: „Dafür liebe ich dich viel mehr als Marathonlauf."

„Und wann haben Sie beschlossen, Ihre genialen Züge nicht mehr auf dem Schachbrett, sondern auf dem Fußballplatz zu verwirklichen?"
„Als das mit der Kurzsichtigkeit anfing."

Spielerin: „Du, Trainerin, wie fandest du mich heute?"
Trainerin: „Beim Spiel letzte Woche hast du mir besser gefallen."
Spielerin: „Aber letzte Woche habe ich doch gar nicht gespielt!"
Trainerin: „Eben."

Beklagt sich ein Fan: „Jedes Mal, wenn ich meine Mannschaft im Fernsehen sehe, verlieren die."
Beruhigt ihn sein Kumpel: „Du kannst mir glauben: Im Radio spielen sie auch nicht besser."

Der Schiedsrichter ruft den Spieler zu sich: „Geben Sie zu, Ihren Gegenspieler brutal auf den Kopf geschlagen zu haben?"
Spieler: „Das gebe ich zu. Aber zu meiner Verteidigung: Die krummen Beine hatte er schon vorher!"

Patient zum Arzt: „Werde ich nach der Operation Fußball spielen können?"
Arzt: „Aber ganz sicher."
Patient: „Oh, super, das konnte ich vorher nämlich überhaupt nicht."

Nach einer verheerenden Niederlage ist der Trainer außer sich und brüllt die Spieler an: „Männer, ich habe vor dem Spiel gesagt: Spielt, wie ihr noch nie gespielt habt! Und nicht: Spielt, als ob ihr noch nie gespielt hättet!"

„Ich frage dich jetzt zum allerletzten Mal: Gibst du mir nun endlich den Fußball zurück, den ich dir vor Wochen geliehen habe?"
„Nein, aber ich freue mich, dass die lästige Fragerei jetzt endlich aufhört."

„Bekommt ein Trainer eigentlich Geld?", will ein Spieler wissen.
„Selbstverständlich", antwortet ein anderer Spieler. „Warum auch nicht?"
„Na, weil wir doch die ganze Arbeit machen!"

Unterhalten sich zwei Fußballspieler:
„Was brauchst du so auf 100 Meter?"
„5,7 Sekunden."
„5,7 Sekunden auf 100 Meter? Das glaubst du doch selbst nicht!"
„Doch, ich kenne eine Abkürzung."

Zwei Spieler unterhalten sich, der eine ist gerade Vater geworden.
„Wahnsinn, Kumpel! Du hast echt ein Baby bekommen."
„Ja, genau, am Rosenmontag. Und Aschermittwoch haben wir es getauft."
„Ey, Aschermittwoch? Was für ein krasser Name!"

Vorstellungsgespräch im Büro des Vereinspräsidenten. „Nun, was können Sie denn?", fragt der Präsident den Bewerber.
„Eigentlich nichts", antwortet dieser.
„Schade, bei dieser Qualifikation käme nur ein Posten für Sie infrage, aber der ist schon von mir besetzt."

„Wie kann man nur so blöd sein und ein Eigentor schießen?", wütet der Trainer.
„Tut mir leid, Coach", entschuldigt sich der Spieler, „aber die Tore sehen doch alle irgendwie gleich aus."

Der Stürmer ist bei der Mannschaftsbesprechung nach einem verlorenen Spiel ganz beleidigt, weil alle auf ihm herumhacken. „Ich weiß gar nicht, was ihr alle gegen mich habt! Ich hab doch gar nichts gemacht!"

Der Mannschaftsarzt betrachtet grübelnd das geschwollene Knie des verletzten Spielers. „Sind Sie vorher schon mal am Knie operiert worden?"
„Ne", sagt der Spieler, „vorher nie, immer nur hinterher."

 Zwei alte Schulfreundinnen treffen sich nach Jahren wieder. „Ach, Klara, warst du nicht mal mit diesem Fußballer verlobt?"
„Schon, Jutta, aber ich bin im Halbfinale ausgeschieden."

Streiten sich zwei Fußballspieler. „Ich spiele nun mal besser als du. Also wehe, du sagst noch einmal, ich hätte eine große Klappe!"
„Hab ich doch gar nicht gesagt. Ich hab nur gesagt, du könntest Spargel quer essen."

 Die Vertragsverhandlungen zwischen Präsidenten und Spielervermittler laufen zäh.
„Also hören Sie mal, Herr Präsident, mit dem mickrigen Gehalt kann mein Spieler wirklich keine großen Sprünge machen."
Antwortet der Präsident: „Wir suchen ja auch einen Verteidiger und kein Känguru."

Der wenig erfolgreiche Stürmer kommt in den Himmel und klopft an der Himmelspforte. Petrus öffnet ihm mit den Worten: „Immerhin, zum ersten Mal das Tor getroffen."

Nach dem verlorenen Viertelfinale redet sich der Trainer auf der Pressekonferenz raus: „Na ja, wissen Sie, wir wollten ein Vorbild für alle Fans sein – deshalb schlagen wir niemanden mehr."

„Warum machen Sie denn jetzt schon das Flutlicht an?"
„Weil keiner der Spieler eine richtige Leuchte ist!"

 Kleinanzeige in der Tageszeitung:
„Porsche von international bekanntem Fußballstar zu verkaufen. Kilometerstand ca. 270 000 Kilometer. Bremsen nahezu ungebraucht."

Fragt ein Trainer seine Mannschaft: „Welche Muskeln werden aktiviert, wenn ich ein Tor schieße?" Sein Team ist sich sicher: „Die Lachmuskeln natürlich!"

Die Spielerin kommt mit einem schlimmen Sehnenabriss zum Arzt. Dieser versucht, sie zu beruhigen: „Mit Gottes Hilfe wird das schon wieder."
Erkundigt sich die Spielerin: „Muss ich zu ihm rauf oder kommt er runter?"

Im Fußballclub sagt die Sekretärin zu einer Spielerin: „Hören Sie, Sie müssen dringend Ihren Spielerpass verlängern lassen."
Antwortet die Spielerin: „Warum? Ich finde das Format eigentlich ganz praktisch."

Heute ist der Stürmer beim Mannschaftsarzt zur Untersuchung. Sagt der Arzt am Ende: „So, ich habe hier noch ein Rezept für Sie."
Fragt der Stürmer: „Ach, kochen Sie auch so gern?"

Der Manager zum Nachwuchsspieler: „Hör zu, einem erfolgreichen und fleißigen Spieler zahlen wir auch ein gutes Gehalt."
Antwortet der Spieler. „Ha! Ich wusste doch, dass da was faul ist."

Morgen hat der Trainer Geburtstag. Gerührt steht er vor der Mannschaft und sagt: „Leute, ich wünsch mir nur eins von euch: dass wir am Samstag unser Spiel gewinnen!"
„Zu spät, Trainer", erwidert der Kapitän, „wir haben dir schon eine Krawatte gekauft."

Der neue Spieler soll den Vertrag unterschreiben, doch er weigert sich. „Tut mir leid, ich kann das nicht unterschreiben. Ich bin Analphabet."
„Macht nichts", sagt der Manager. „Religion spielt bei uns keine Rolle."

Zwei Fans unterhalten sich.
„Meine Frau will sich scheiden lassen, wenn ich weiterhin jedes Wochenende zum Fußball gehe."
„Oh, das ist schlimm."
„Du sagst es. Sie wird mir echt fehlen."

Der Trainer analysiert das verlorene Spiel: „Jungs, eure Torschüsse waren an sich klasse, nur die Richtung ließ zu wünschen übrig."

Hassan warnt seine Freunde: „Leute, im Sportladen gibt es diese Woche ein Super-Sonderangebot! Zwei Paar Fußballschuhe zum Preis von einem. Aber ich sage euch, ich hab's ausprobiert: Ihr trefft keinen Ball mehr mit vier Schuhen an den Füßen."

Zwei Dussel spielen Mensch-ärgere-dich-nicht. Plötzlich ruft einer: „Schachmatt!"
„So ein Quatsch", sagt der andere. „Bei Mühle gibt es doch gar keinen Elfmeter."

Die Reporterin interviewt den langjährigen Nationalspieler. „Was ist denn Ihre schönste Erinnerung an die WM von 2006?"
„Also", sagt der Spieler, „die schönste Erinnerung ist das Gefühl, als der Gips wieder runterkam."

Das Nachwuchstalent fragt die Managerin: „Sag mal, Chefin, wie viel Geld bekomme ich denn, wenn ich für euch spiele?"
Die Managerin antwortet: „Im ersten Monat 500 Euro und später dann mehr."
„Alles klar. Dann komme ich später wieder."

Bei einer Pressekonferenz verteidigt der Trainer seine Spieler: „Meine Jungs sind nicht unfair. Ganz im Gegenteil sogar! Sie sind total anständig. Momentan sind zum Beispiel alle im Krankenhaus und besuchen die gegnerischen Spieler."

Standpauke in der Kabine, der Trainer tobt: „Mit reicht's! Seit zehn Spielen macht ihr immer die gleichen Fehler!"
„Aber Trainer", beruhigt ihn den Kapitän, „du wolltest doch, dass wir eine konstante Leistung bringen."

Stolz berichtet der Fußballtrainer einem Sportjournalisten: „Unser Stürmer hat Kondition für zwei!"
„Für … zwei Spiele?"
„Nein, für zwei gut bezahlte Autogrammstunden."

„Herr Doktor, glauben Sie, dass meine Kurzsichtigkeit meiner Karriere schaden könnte?"
„Ach was. Sie können immer noch Schiedsrichter werden."

„Mensch, Boris! Mach mal den Fernseher an! Gladbach gegen Bremen!"
„Na und? Das Spiel habe ich doch letztes Jahr schon gesehen!"

„Herr Doktor, mir wird ständig rot vor Augen!", klagt der Verteidiger der Nationalmannschaft.
Rät der Arzt: „Wechseln Sie doch mal den Schiedsrichter."

Ein Fußballstar wird von einem Reporter gefragt: „Können Sie sich an Ihr schönstes Tor erinnern?"
Der Fußballer antwortet: „Sicher! Das war vor einem Jahr das Eingangstor zu meiner Villa in Ibiza."

Eine Frau betritt das Sportgeschäft und sagt zum Verkäufer: „Guten Tag, ich hätte gerne ein Paar Fußballschuhe für meinen Mann."
Sagt der Verkäufer: „Tut mir leid, Tauschgeschäfte machen wir hier nicht."

Liam braucht neue Fußballschuhe und lässt sich im Sportgeschäft beraten. Verkäufer: „Nehmen Sie doch diese, mit denen haben schon über hundert Kunden gute Erfahrungen gemacht."
Liam: „Ich weiß nicht recht. Ich hätte schon gerne ein neues Paar."

„Ihr Fachgebiet ist Fußball", stellt der Quizmaster den Kandidaten vor.
„Ja, da kenn ich mich richtig gut aus", bestätigt der Kandidat.
„Prima, dann kommt hier die erste Frage: Wie viele Maschen hat ein Tornetz?"

„Jungs, dass eins klar ist: So ein grottenschlechtes Spiel werde ich von euch nie wieder sehen", tobt der Trainer in der Kabine.
„Echt, Trainer?", wundert sich ein Spieler. „Hörst du auf?"

 Wieder einmal streitet sich das alte Ehepaar.
Sie: „Ich verstehe nicht, wie man jedes Wochenende nur Fußball schauen kann."
Er: „Wenn man etwas nicht versteht, sollte man sich raushalten."

„Du, Papa? Haben Schiedsrichter vor ihrer Schiri-Karriere auch noch etwas anderes gemacht?"
„Na klar! Das sind alles ehemalige Fußballspieler, die wegen ihrer schlechten Augen nicht mehr aktiv spielen dürfen."

Ein berühmter Fußballspieler kommt gerade am Flughafen an. „Zeigen Sie mal Ihren Pass", fordert der Sicherheitsbeamte.
Darauf der Fußballspieler: „Gern. Haben Sie einen Ball da?"

Zwei Brüder schauen die WM-Übertragung. „Ich würde mich ja auch gern mehr für Fußball begeistern", sagt der eine Bruder plötzlich und blickt wehmütig auf sein Bäuchlein, „wenn ich nur das Bier besser vertragen würde ..."

Nach dem verlorenen Spiel legt der Trainer dem Schiedsrichter ganz ruhig die Hand auf die Schulter und sagt voller Mitgefühl: „So ein schönes Spiel. Schade, Schiri, dass Sie es nicht gesehen haben."

„Du", sagt Franz zu seiner Frau Maria und hat schon
den Daumen auf dem Einschaltknopf der Fernbe-
dienung liegen. „Möchtest du noch etwas sagen,
bevor das erste Spiel der Bundesliga beginnt?"

„Waren Sie eigentlich in Hamburg länger als in
München?"
„Nein, ich war immer 1,80."

Ein Spitzensportler bekommt hohes Fieber. Der Arzt
misst und sagt: „40,5!"
Da stöhnt der Sportler: „Und wie steht der
Weltrekord?"

Bei der Mannschaftsbesprechung:
„Mensch, Sandro!", sagt der Trainer.
„Du nutzt nur ein Drittel deiner
Fähigkeiten!"
„Echt?", staunt Sandro. „Und was macht das
andere Drittel?"

„Herr Pfarrer, ist es eine Sünde, wenn ich am heiligen Sonntag Fußball spiele?", will der fromme Spieler wissen.
„Nein, mein Sohn", sagt der Pastor. „Nicht, dass du am Sontag Fußball spielst, ist eine Sünde, sondern wie."

Eine Fußballspielerin hat sich verlobt. „Und wann werdet ihr heiraten?", fragt eine Freundin.
Daraufhin die Fußballspielerin: „Noch lange nicht. Wir haben ja gerade erst mit der ersten Halbzeit begonnen."

Ein Mann schaut sich im Fernsehen ein Fußballspiel an. Er regt sich auf und brüllt: „Der Schiedsrichter ist ja blind!"
Seine Frau sieht ihn verständnislos an und fragt: „Und warum trägt dann der Kapitän die Armbinde?"

„Und, Trainer, wie war ich?", fragt der erfolglose Torjäger nach dem Spiel.
„Also, weißt du", versucht es der Trainer zu umschreiben, „wenn du ein Pferd wärst, müsste man dich jetzt verkaufen."

Ein Fußballspieler wird gefragt: „Sind Sie abergläubisch? Glauben Sie zum Beispiel, dass ein
Hufeisen Glück bringt?"
„Sicherlich bringt ein Hufeisen Glück", antwortet der Spieler, „aber nur, wenn du es vorne in
der Schuhspitze trägst."

Ein wichtiges Fußballspiel wird, trotz Unwetter, im
Fernsehen übertragen. Kurz nach Anpfiff kippt das
Tor aufgrund einer starken Windböe um. Da sagt
der Fernsehmoderator: „Für alle Zuschauer, die erst
jetzt eingeschaltet haben: Das erste Tor ist schon
gefallen."

„Wir haben gewonnen, wir haben gewonnen!",
jubelt Ralf, als er vom Drittligaspiel nach
Hause kommt.
„Quatsch nicht, Ralf", sagt seine Frau, „ich
hab's im Radio gehört: Ihr habt 0:4 verloren."
„Ja, aber wir haben zu Beginn beim Münzwurf
die Seitenwahl gewonnen."

Monatlicher Routinetermin beim Mannschaftsarzt. Die Arzthelferin füllt das Formblatt aus und befragt den Spieler: „Haben Sie irgendwelche Probleme mit Nase und Ohren?" „Ja", gibt der Spieler zu. „Jedes Mal, wenn ich das Trikot drüberziehe."

Zwei Teamkollegen unterhalten sich. „Sag mal", will der eine wissen, „warum nennt ihr euren Trainer eigentlich Blinddarm? Komischer Spitzname." Antwortet der andere: „Na, weil er ständig gereizt und total überflüssig ist."

Mannschaftsbesprechung nach dem verpatzten Spiel. Der Trainer tobt: „Das war grausig! Ich hätte 80 Prozent von euch vom Platz nehmen müssen."
Erwidert ein Spieler: „Mensch, Coach. So viele sind wir doch gar nicht."

Fragt der Stürmer seine langjährige Freundin: „Warum heiratest du mich nicht? Männer wie ich wachsen nicht auf Bäumen."
„Das weiß ich", antwortet sie. „Normalerweise schwingen sie von Ast zu Ast."

In das Krankenzimmer von einem Schiedsrichter wird noch ein Bett geschoben. Er bekommt einen neuen Bettnachbarn. Der neue Patient sagt höflich: „Darf ich mich vorstellen? Friedrich, Bauarbeiter, Arbeitsunfall."
„Freut mich sehr", antwortet der Schiri. „Schmid, Schiedsrichter, Elfmeter gepfiffen."

Nach schwerem Foul musste der Spieler direkt ins Krankenhaus gefahren werden. Besorgt fragt der Manager die Ärzte nach dem Zustand seines Schützlings.
„Wir können Sie teilweise beruhigen", entgegnet der Chefarzt. „Trikot, Schienbeinschoner und Schuhe sind tadellos erhalten."

Der Mittelstürmer humpelt vom Fußballplatz, nachdem seine Mannschaft nach einer 90-minütigen Abwehrschlacht hoch verloren hat. Besorgt kommt ihm der Trainer entgegen und fragt: „Schlimm verletzt?"
Der Mittelstürmer antwortet: „Nein, nein. Mein Bein ist nur eingeschlafen."

Ein Gespräch unter sportinteressierten Arztkollegen. Sagt der eine: „Der Sport ist eine ungemein völkerverbindende Sache."

„Wie kommst du denn darauf?", fragt der andere.

„Na ja, nach einem internationalen Fußballmatch habe ich einmal fünf Spieler verbunden."

 Ein Fußballjournalist wird gefragt, was ihm an seinem Beruf besonders gefällt. Er überlegt und antwortet dann: „Man sagt freitags voraus, welches Team am Samstag gewinnen wird, um sonntags zu erklären, warum sie verloren haben."

Der 1. FC Geizkragen hat fleißig trainiert und tatsächlich das Turnier gewonnen. In der Umkleide lobt der Trainer Knut Knauser die Mannschaft: „Das habt ihr richtig gut gemacht! Jetzt habt ihr euch eine Erfrischung wirklich verdient! Ich mach dann mal kurz das Fenster auf ..."

„Ich winke dir schon zum vierten Mal! Siehst du schlecht? Was soll nur aus dir werden?"
„Schiri."

Ein Fußballspieler wartet auf den Bus und vertreibt sich die Zeit damit, Dribbelschritte zu üben. Da geht eine ältere Dame zu ihm und sagt: „Kommen Sie, junger Mann. Ich zeige Ihnen, wo die nächste Toilette ist."

„Oh, Mann! Ich hätte gute Gründe, dem Schiri ins Gesicht zu spucken!
„Brennt etwa sein Bart?"

Der Klubpräsident lobt den Starstürmer: „Da Sie jetzt in der Nationalelf spielen, erhöhen wir Ihr Gehalt um ein Drittel."
Der Stürmer wird sauer. „Das ist mir aber viel zu wenig! Ich will wenigstens ein Viertel!"

Im Arbeitsamt:
„Wie viele Arbeitsstellen hatten Sie im letzten Jahr?"
„Fünf."
„Also Gelegenheitsarbeiter?"
„Nein, Fußballspieler."

TIERISCH SPORTLICH!

Zwei Fußballfans unterhalten sich: „Kennst du den Unterschied zwischen unserem Fußballteam und einem Marienkäfer?
„Ja, der Marienkäfer hat mehr Punkte!"

Heute findet das Endspiel im Fußballturnier der Wald- und Wiesentiere statt. Die Mannschaft der Waldinsekten hat gegen die Feldhasen keine Chance. In der Halbzeit steht es schon 5:0 für die Hasen. Doch nach der Pause wechseln die Insekten überraschend den Tausendfüßer ein. Der schießt ein Tor nach dem anderen und am Ende gewinnen die Insekten haushoch. Nach dem Spiel fragt der Reporter den Trainer der Insektenmannschaft: „Warum haben Sie denn den Tausendfüßer erst so spät eingewechselt?"
Antwortet der Trainer: „Ich wollte ihn schon viel früher bringen, aber das dauert einfach seine Zeit, bis der Junge alle Fußballschuhe anhat."

Eine Spinne hangelt sich ein Fußballtor hoch und meint anerkennend: „Alle Achtung, da hat jemand ganze Arbeit geleistet!"

Der Keeper steht im Tor und wehrt sich verzweifelt gegen einen ganzen Mückenschwarm. Nach einer Weile kommen zwei Glühwürmchen angeflogen. „Ganz toll!", motzt der Torwart. „Jetzt suchen mich die Biester schon mit Taschenlampen!"

Ein Bayernfan sitzt in seinem Garten und genießt die Sonne. Da kommt eine schwarz-gelb gestreifte Biene angeschwirrt und setzt sich auf seinen Arm. Da sagt der Bayernfan: „Hör zu, Biene: Wenn du keinen Ärger haben willst, dann zieh schleunigst dein Dortmund-Trikot aus."

„Wieso wirfst du mit Steinen auf den Gegenspieler?"
„Darf nicht näher ran. Der hat Läuse."

Den Kölnern ist ihr Maskottchen verloren gegangen, ein Geißbock mit dem Namen Hennes. Eines Morgens war der Stall leer und Hennes verschwunden. Der Clubmanager ist ganz verzweifelt und schlägt vor: „Wir setzen eine Suchanzeige in die Zeitung!" Erwidert der Teamkapitän: „Das bringt nichts, Hennes kann doch gar nicht lesen."

Großes Fußballturnier im Hühnerstall. Die Kükenmannschaft hat haushoch verloren und der Trainer ist total enttäuscht. „Jungs, ihr wart echt miserabel", sagt er. „Wenn das euer Vater gesehen hätte, er würde sich im Grill umdrehen!"

Die kleinen Äffchen müssen gegen die starken Gorillas im Halbfinale der Tier-WM spielen. Kurz vor Anpfiff meint der Äffchen-Trainer zu seinem Team: „Wir haben zwar keine Chance, aber die müssen wir nutzen!"

Auf der Jagd nach einem leckeren Insekt fliegt eine Schwalbe im Tiefflug über den Fußballplatz und stößt mit einem Spieler zusammen. Beide gehen zu Boden. Der Spieler nimmt das bewusstlose Vögelchen mit nach Hause, setzt es in einen alten Vogelkäfig, gibt ihm frisches Wasser und legt ein paar Brotkrumen daneben. Als die Schwalbe langsam aufwacht, schaut sie sich um. „Oh, Mist", flucht der Vogel. „Gitterstäbe ringsum, nur Wasser und Brot. Ich hab den Spieler wohl umgebracht."

Zwei Goldfische sitzen auf dem Baum und stricken. Da kommen zwei Hunde vorbei und spielen Fußball. Sagt der eine Goldfisch bekümmert zu dem anderen: „Ach, Fußballer müsste man sein ..."

Beim Museumsbesuch bleiben Vater Maus und sein Sohn vor einer antiken Statue eines berühmten Fußballspielers stehen. Die Statue heißt „Der Sieger". Allerdings fehlen der Statue Nase, Teile eines Arms und ein Bein. „Du liebe Zeit!", ruft das Mäusekind seinem Vater zu. „Wie muss dann erst der Verlierer aussehen?"

Nach einem langen Winterschlaf weigert sich das kleine Murmeltier, seine Höhle für das Fußballtraining zu verlassen. Der Trainer ruft von oben in die Höhle: „Komm schon raus und schau doch! Es ist herrliches Frühlingswetter! Ideal für ein Fußballspiel im Freien!"
„Nein", brummt das kleine Murmeltier, „Frühling ist mir viel zu gefährlich. Da schießt der Salat, die Bäume schlagen aus und der Rasen wird gesprengt! Ohne mich!"

Ein Fußballstar geht zum Mannschaftsarzt.
„Doc, du hast mir doch geraten, mit den Hühnern schlafen zu gehen. Komische Anweisung, aber ich hab's gemacht."
„Und?", fragt der Arzt. „Geht's dir besser?"
„Nein, ich falle nämlich dauernd von der Stange."

„Oh, mir ist so schlecht!", stöhnt der Löwe gequält.
„Was hast du denn?", fragt seine Frau.
„Ach, der blöde Fußballer, den ich heute zum Frühstück verputzt habe, kommt mir immer wieder hoch."

Am Fußballplatz treffen sich zwei Glühwürmchen. „Du, ich muss dringend zum Augenarzt", sagt das eine.
„Wieso denn das?"
„Ach, gerade habe ich mir ganz schrecklich den Mund verbrannt!"
„Und wieso musst du dann zum Augenarzt?"
„Tja, ich hab mir den Mund verbrannt, als ich versucht habe, einen Zigarettenstummel im Gras zu küssen …"

Wieso können Nashörner so schlecht Fußball
spielen? – Weil ihnen immer der Fußball am Horn
stecken bleibt.

Im Stadion kriecht ein Regenwurm aus
seinem Loch im Rasen, sieht einen anderen
Regenwurm und sagt höflich: „Schönes Wetter
heute, nicht?"
Keine Antwort.
„Mögen Sie die Atmosphäre hier im Fußballstadion auch so?", versucht er es noch einmal, ein
Gespräch anzufangen. Wieder sagt der andere
nichts. Da fällt dem Regenwurm plötzlich
etwas auf und er kriecht verlegen in sein Loch
zurück, während er brummt: „Ach, ich werde
wirklich alt. Jetzt habe ich schon wieder mit
meinem Schwanz gesprochen."

Empört erzählt eine Frau ihrem Mann: „Das gibt's
doch gar nicht! Dieser exzentrische Fußballspieler von Portugal hat seiner Katze zwei Millionen
vererbt!"
Doch der Mann winkt ab und meint: „Daraus wird
sowieso nichts."
Seine Frau will schon zustimmen und sagen, dass
es absolut verrückt ist, seinem Haustier so viel zu
vererben, da fügt ihr Mann auf einmal hinzu: „Ich
habe nämlich gehört, dass der Papagei das Testament anfechten will."

Bei einem erschöpfenden Trainingslauf durch den Wald trifft ein Elefant auf eine Maus. „Mann, ich bin total kaputt!", stöhnt er. „Und die Beine tun mir weh …"

Da sagt die Maus: „Komm, steig auf, ich trag dich ein Stück. Aber wehe, du lässt die Beine schleifen!"

Die ganze Nachbarschaft sitzt in der Dorfkneipe und schaut sich das EM-Spiel an. Auch der neue Nachbar und sein Hund sind dabei. Beim ersten Tor springen alle auf und schreien: „Toooor! Endlich!" Der Hund beobachtet das interessiert. Beim zweiten Tor springen schließlich wieder alle auf und dieses Mal hält es auch den Hund nicht mehr auf seinem Platz. Er hüpft auf und ab und brüllt ebenfalls: „Toooor! Endlich!"

„Das ist ja unglaublich!", staunt ein Mann neben ihm.

„Ja, das finde ich auch", sagt der Hundebesitzer. „Eigentlich schaut er nämlich lieber Basketball."

Mutter Schnecke ermahnt ihre Kinder: „Jetzt geht ihr nicht mehr auf die Toilette! In vier Stunden kommt der Mannschaftsbus!"

Maus und Elefant spielen Fußball. Da tritt der Elefant der Maus versehentlich auf den Fuß. Er bekommt einen Riesenschreck und entschuldigt sich kleinlaut bei der Maus. „Ach was", winkt die Maus ab, „macht doch nichts! Hätte mir ja umgekehrt auch passieren können."

In der Halbzeitpause geht es in der Kabine richtig rund. Der Trainer versucht, seiner Mannschaft eine neue Strategie einzuhämmern. Da klopft eine kleine Schnecke an die Tür. Genervt reißt der Trainer die Tür auf und die Schnecke fragt: „Kann ich bitte mal aufs Klo?"
Der Trainer wird wütend, packt die kleine Schnecke, marschiert mit ihr auf den Platz und setzt sie wortlos ins Gras, wo sie hingehört. Dann stampft er wieder zurück in die Umkleide und schließt die Tür.
Drei Wochen später klopft es wieder in der Pause. Der gleiche Trainer öffnet die Tür und wieder steht die kleine Schnecke vor ihm. Diesmal schreit sie sauer: „He, was war denn das eben?"

Ein Nilpferd kommt in die Sportbar und bestellt einen Cocktail. Es schlürft ihn genüsslich, schaut dabei ein Fußballspiel, bezahlt und will gerade gehen. Da sagt der Barkeeper: „Na so was, ich glaube es kaum! Ein Nilpferd war noch nie hier."
Das Nilpferd antwortet: „Das war auch garantiert das letzte Mal – bei diesen unverschämten Preisen!"

Das Fußballteam der kleinen Hamster muss gegen das Team der Füchse spielen. Der Kapitän der Hamster versucht, seiner Mannschaft Mut zuzusprechen: „Auf geht's, Leute, Angriff ist die beste Verteidigung! Wir müssen einfach mehr über die Flügel spielen und den Raum eng machen! Und unsere Viererkette muss kompakter stehen! Dann werden wir sicher bei diesem Spiel den längeren Atem haben!"
Ein Spieler fragt genervt: „Fallen dir noch mehr unnötige Fußballsprüche ein?"
Sagt der Kapitän: „Nun halt aber mal den Ball flach!"

Zwei Fußballer stehen im Wald plötzlich einem Bären gegenüber. Der eine zieht schnell die Wanderschuhe aus und holt seine Laufschuhe aus dem Rucksack. Der andere sagt verwirrt: „Was soll das? Du kannst nicht schneller laufen als der Bär!"
„Das muss ich auch gar nicht", antwortet der andere. „Hauptsache, ich bin schneller als du!"

Zwei Angeber unterhalten sich: „Mein Hund ist unglaublich intelligent! Er kann richtig gut mit dem Ball umgehen und schießt sogar immer mal wieder ein Tor!"
Antwortet der andere: „Ich weiß! Mein Hund hat es mir erzählt!"

Unterhalten sich zwei Schafe auf der Wiese über ein drittes Schaf: „Warum ist der Mährlin denn so abgemagert?"
Antwortet das andere Schaf: „Aberglaube. Seine Lieblings-Fußballmannschaft spielt dieses Wochenende um die Meisterschaft und deshalb isst er nur noch vierblättrigen Klee."

Treffen sich zwei Hunde. „Du", sagt der eine, „heute wird im Stadion ein neuer Rollrasen ausgelegt."
Sagt der andere: „Toll, das muss begossen werden!"

Ein Freundschaftsspiel zwischen der Fußballmannschaft der Schildkröten und dem Team der Zebras steht an. Beim Münzwurf stehen sich beide Tier-Kapitäne gegenüber. Da fragt das Zebra auf einmal beleidigt: „Seid ihr etwa auf Krieg aus?"
Da fragt die Schildkröte: „Nein, wieso?"
„Warum habt ihr dann alle einen Panzer dabei?"

Den Eintagsfliegen steht ein anstrengendes Fußballtraining bevor. Ihr Trainer schreit über den Platz: „Nun strengt euch mal an! So werdet ihr das Heimspiel morgen garantiert nicht gewinnen!"
Da schreit eine der Eintagsfliegen zurück: „Coach, ich glaube, das Spiel morgen zu verlieren, wird unser kleinstes Problem sein ..."

Ein kleiner Igel hat sich auf dem Fußballfeld verirrt. Neben dem Tor liegen haufenweise umgedrehte Stollenschuhe. Immer, wenn der Igel an einen Schuh stößt, fragt er traurig: „Mami, bist du das?"

Von was träumt die sportliche Fußballmannschaft der Katzen nachts? – Von einem Muskelkater!

„Papa, ich möchte unserem Kaninchen das Fußballspielen beibringen!"
„Das ist unmöglich, mein Sohn."
„Bloß weil du es nicht kannst, heißt es nicht, dass es der Hase nicht lernen kann ..."

NEULICH BEIM TRAINING

Mit vielen blauen Flecken kommt Elias zum Training –
ganze dreißig Minuten zu spät. Sein Trainer ist
wütend.
Elias: „Sorry, Trainer. Ich bin zu Hause die Treppe
runtergefallen."
Trainer: „Und da willst du mir weismachen, dass du
dafür eine halbe Stunde gebraucht hast?"

Nach dem Training, der Spieler besucht den
Mannschaftsarzt.
Arzt: „Geht's gut?"
Spieler: „Nicht gut, aber besser."
Arzt: „Ist doch gut, wenn's wieder besser geht."
Spieler: „Wäre aber noch besser, wenn's endlich
gut geht."

Ein portugiesischer Fußballstar bekommt eine extra
Trainingseinheit. „Jetzt hör mal zu", sagt der Trainer.
„Wo die Fotografen sitzen, weißt du schon. Wo die
Fernsehkameras stehen, weißt du. Und wo deine
tollen Fans auf der Tribüne sitzen, weißt du auch.
Aber jetzt zeig endlich mal, dass du auch weißt, wo
das verdammte Tor der Gegner ist!"

Nach dem harten Training kommt ein Spieler
in den Massageraum gehumpelt.
„Mein Bein tut wieder weh. Es ist nicht besser
geworden", berichtet er dem Mannschaftsarzt.
„Hast du auch gemacht, was ich gesagt habe
und nach dem heißen Bad ein Glas Lindenblü-
tentee getrunken?", fragt der Arzt.
„Ich hab's versucht, Doc, aber nachdem ich
das verdammte heiße Bad ausgetrunken
hatte, hab ich den Tee einfach nicht mehr
runtergebracht."

Nach zwei Wochen Trainingslager fragt Sophies
Mama: „Und, Sophie? Welche Eindrücke hast du aus
den zwei Wochen mitgebracht?"
Sophie: „Eindrücke? Keine. Aber Ausdrücke!"

Der Stürmer kommt zum Training, sein Fuß ist
eingegipst.
„Mensch, was ist passiert?", fragt der Trainer
verwundert.
„Ich bin von der Leiter gefallen", erzählt der
Spieler.
Trainer: „Hoch?"
Spieler: „Ne, runter."

Der Fußballspieler klagt bei der Mannschaftsärztin.

„Doc, beim Training ist mir so schwindlig und überall tut's weh und meine Füße schmerzen und die Hände sind ganz taub und im Hals kratzt es und in den Ohren höre ich so seltsame Geräusche. Oje, Doc, was fehlt mir nur?"

Antwortet die Ärztin: „Dir fehlt gar nichts, du hast ja schon alles."

„Sag mal, was hat eigentlich dein Trainer gesagt, als du letztens so spät zum Training gekommen bist?"

„Gar nichts, er hat nur den Kopf geschüttelt."

„Das war alles?"

„Ja. Aber das Genick tut mir heute noch weh."

Schlägt der Trainer vor: „Herr Präsident, lassen Sie uns doch ein vierwöchiges Trainingslager auf Mallorca machen."

Sagt der Präsident: „Sind sie verrückt, Trainer? Wir müssen doch an unsere Schulden denken!"

Antwortet der Trainer: „Aber das können wir doch auch auf Mallorca machen."

Nach einem schlechten Training in der Kabine.
„Und ihr Pfeifen wollt gegen Real Madrid spielen!
Ihr Anfänger! So wird das nie was!", tobt der Trainer.
„Wisst ihr denn überhaupt, wo Madrid liegt?"
„Na, in Spanien, Trainer. Das weiß doch jeder Trottel", sagt einer der Spieler.
„Darum hab ich euch ja auch gefragt", gibt der Trainer bissig zurück.

Zwei der jüngeren Fußballspielerinnen unterhalten sich.
„Unsere neue Trainerin hat versprochen, uns wie rohe Eier zu behandeln."
„Und? Hat sie ihr Versprechen gehalten?"
„Irgendwie schon. Sie haut uns täglich in die Pfanne."

Erste Stunde beim Training zum Saisonstart. „Mädels", sagt der Trainer, „zum Fußball braucht es drei Dinge: Kraft, Ausdauer und Geschicklichkeit."
Meldet sich eine aus der letzten Reihe. „Und viertens wäre ein Fußball auch nicht schlecht!"

„Trainer, ich kann heute leider nicht mittrainieren.
Ich habe hohes Fieber."
„Quatsch, du trainierst mit! Aber das Warmlaufen
erlass ich dir."

Eine Fußballmannschaft fährt in das Trainingslager nach Kleinhüttendorf.
„Jungs, Kleinhüttendorf ist der ideale Ort für
uns", preist der Trainer den Ort an. „Kein Kino,
keine Disco, keine Kneipe. Nur einen Fußballplatz und ein Hahn nebenan auf dem Bauern-
hof, der uns jeden Morgen wecken wird."
„Großartig, Trainer", sagt ein Spieler, „dann
stellen Sie den Hahn bitte auf halb zehn."

„Tut das Knie noch weh?", will der Mannschaftsarzt
nach dem Training vom Spieler wissen.
„Höllisch weh, Doc", antwortet der Spieler.
„Dann bade mal täglich dreimal in eiskaltem
Wasser."
„Mensch Doc, gestern hast du noch gesagt, ich soll
dreimal täglich in heißem Wasser baden!"
„Siehst du, mein Junge, die Wissenschaft macht
täglich Fortschritte."

Ein Journalist interviewt während eines offenen Trainings den Fußballtrainer von Köln.
„Sind Sie denn abergläubisch?", will der Reporter wissen.
„Abergläubisch? Ich? Nein, auf keinen Fall, das bin ich überhaupt nicht", antwortet der Trainer schnell.
„Dann glauben Sie wohl auch nicht an Horoskope?", fragt der Reporter weiter.
„Nein, das tue ich nicht, dazu sind wir Steinböcke auch viel zu misstrauisch."

Die Spieler stehen auf dem Fußballplatz. Es ist das letzte Training der Saison, bevor es morgen zum Winter-Trainingslager nach Gran Canaria geht. Da beginnt es auf einmal, heftig zu schneien, und wenig später ist der ganze Platz weiß. Verträumt schaut der Stürmer der Mannschaft dem Schneetreiben zu und sagt: „Schade, dass wir bald abreisen. Irgendwann möchte ich mal den Winter zu Hause bleiben und sehen, welches arme Schwein den Schnee im Frühling wieder wegräumt."

Es ist das erste Training nach der Sommerpause. Zufrieden lehnt der Trainer am Torpfosten und wartet auf seine Jungs. Da ruft ihm der Platzwart von der anderen Spielfeldseite aus zu: „He, Coach, aufgepasst! Der Torpfosten ist frisch gestrichen."

„Wie bitte?", fragt der Trainer.

Der Platzwart: „Na, weiß. Wie sonst?"

Nach langen Jahren in der zweiten Mannschaft nimmt ein Spieler seinen Mut zusammen und fragt den Trainer: „Wann darf ich endlich für die erste Mannschaft kicken?"

Der Trainer schaut ihn groß an und fragt: „Sag mal, bist du denn verrückt?"

Darauf der Spieler: „Ne, muss man das sein, um in der ersten zu spielen?"

Ein angehender Trainer ist beim Trainingslehrgang zum dritten Mal durch die Prüfung gerasselt. „So ein Mist!", schimpft er. „Immer das Gleiche! Immer der gleiche Raum, die gleichen Prüfer, die gleichen Fragen."

Der Präsident des Fußballclubs ist mit Marco überhaupt nicht zufrieden. Viel zu langsam schleicht
dieser fast schon über den Platz. „Warum hältst du
nur an diesem Marco fest?", fragt der Manager den
Trainer. „Der schläft doch schon fast im Stehen ein!"
Beruhigt ihn der Trainer: „Wart's nur ab. Das ist das
Talent, das in ihm schlummert."

Der neue Stürmer entspricht
so gar nicht den Erwartungen
des Trainers. „Mensch, geht bei
dir eigentlich irgendetwas ein
bisschen schneller?"
„Schon, Trainer. Ich werde schnell
müde."

Der langsame Lars kommt wieder mal als Letzter
vom Waldlauf ins Trainingslager zurück. Außerdem
hat er ein blaues Auge abbekommen. „Lars, was ist
denn dir passiert?", will sein Trainer wissen.
„Ich weiß auch nicht", antwortet Lars. „Gerade, als
ich in vollem Tempo über den Waldboden geflitzt
bin, schoss plötzlich ein Pilz aus dem Boden."

Ludwig ist bereits zum fünften Mal durch die Prüfung für den Trainerschein gefallen. Seine Frau findet das gar nicht gut. Doch Ludwig beruhigt sie: „Keine Angst, mein Schatz. Irgendwann schaffe ich das schon. Und du wirst sehen, dann kriege ich sicher einen Job! Schließlich haben die Vereine zu älteren Trainern viel mehr Vertrauen als zu den jungen."

Neuer Trainer, neue Sitten. „Jungs, eins muss klar sein: Das Training beginnt ab jetzt täglich um halb acht. Pünktlich, und keine Minute später."
„Ist klar, Chef", sagt der Torwart. „Und wenn wir trotzdem ein paar Minuten später kommen, fangen Sie ruhig schon mal ohne uns an."

„Zwei Dinge hindern dich daran, ein großer Fußballspieler zu werden, mein Junge", sagt der Trainer zu seinem Nachwuchsspieler.
„Und zwar welche?", fragt dieser.
„Dein rechtes und dein linkes Bein."

Der Kapitän verspricht seiner Mannschaft während des Trainings: „Jungs, zu unserem nächsten Heimspiel kommt der Papst. Gestern hab ich ihn nämlich im Fernsehen sagen hören: Ich komme stets dorthin, wo Not und Elend am größten sind."

Erstes Training mit dem neuen Spieler. Der Neue stellt sich wirklich dämlich an. Kein Pass kommt an, kein Schuss geht Richtung Tor. Irgendwann platzt dem Trainer der Kragen. „Du bist ja ein völliger Idiot!", brüllt ihn der Trainer an.

„He, Trainer", ruft der Neue zurück, „nicht so laut und nicht vor der Mannschaft!"

„Entschuldige, ich wusste nicht, dass du das geheim halten wolltest."

Der ehemals superschnelle Stürmer hat etwas zugenommen. Doch dieses Mal meint er es ernst mit seiner Diät. Seinem Fitnesstrainer verspricht er: „Ich lese nicht mal mehr das Fettgedruckte in der Zeitung!"

Der neue Trainer kommt auf den Platz und sagt: „Als Erstes stellt ihr euch bitte mal richtig in einer Reihe auf – und zwar der Größe nach in alphabetischer Reihenfolge!"

Der Trainer übertreibt wieder einmal und das Training will einfach nicht enden. Es wird sogar schon dunkel. „He, Coach", sagt ein Spieler, „wir sollten jetzt wirklich aufhören. Man sieht ja schon gar nicht mehr die Hand vor Augen!" Brüllt der Trainer: „Du sollst ja auch Fußball spielen und dir nicht die Hand vor Augen halten!"

Sonntagmorgen in aller Frühe. Die Mannschaft trifft sich zum Lauftraining nach dem schweren Ligaspiel am gestrigen Tag. Der Verteidiger trabt auf den Platz, bückt sich und streicht über den Tau auf dem Gras. „Eh, krass!", sagt er. „Der Rasen ist von gestern immer noch ganz verschwitzt."

Ein neuer Trainer übernimmt eine wenig erfolgreiche Mannschaft. Seine erste Ansprache lautet: „So, Leute, wir müssen bei null anfangen. Also, das da ist der Ball!" Er legt den Ball auf die Seite, als der Torwart noch mal nachfragt: „Kann ich den noch mal sehen?"

Die neue Trainerin erklärt der Mannschaft ihre Methoden: „Mädels, ich bin keine Frau der großen Worte. Wenn ich während des Spiels einer Spielerin zunicke, heißt das, dass ich sie auswechsle. Habt ihr das kapiert?"

„Klar, Coach", sagt die Teamkapitänin. „Ich bin auch keine Frau der großen Worte. Wenn ich zurücknicke, heißt das, du kannst mich mal."

Der neue Trainer tritt zum ersten Mal vor die Mannschaft. Jeder soll sich vorstellen.

„Und wie heißen Sie?"

„Ich heiße Marcel."

„Merken Sie sich eins: Wir sind hier beim Fußball. Ich pflege alle meine Spieler beim Nachnamen zu nennen. Also noch mal: Wie heißen Sie?"

„Liebling."

„Also gut, Marcel, der Nächste bitte."

Die langweilige Theorie-und-Taktik-Stunde beim Trainerlehrgang ist endlich zu Ende. „Zum Glück", sagt Peter, „morgen keine Theorie mehr."
„Warum soll morgen keine Theorie mehr sein?", fragt ein Kollege.
„Na, der Ausbilder will doch morgen verreisen. Er hat doch gerade gesagt: Schluss für heute, morgen fahre ich fort."

Präsident zum Trainer: „Wie war denn der neue Spieler beim Probetraining?"
„Dem gelang ein Sonntagsschuss nach dem anderen!"
„Und warum haben Sie ihn wieder weggeschickt?"
„Wir spielen doch immer samstags."

Verzweifelt tigert der Trainer am Spielfeldrand auf und ab und schreit seinem Spitzenstürmer zu: „Mensch, Daniel, beweg dich mal! Du stehst seit zehn Minuten am selben Fleck!"
Ruft Daniel zurück: „Na, sieh einer an, wie die Zeit vergeht."

Der neue Trainer knöpft sich den Starspieler
der Mannschaft vor. „Hör mal zu: Das ist
der Ball, dort ist das Tor, da muss er rein!
Kapiert?"
„Also bitte!", regt sich der Spieler auf. „Ich war
auf dem Gymnasium, habe Abitur gemacht und
studiere nun Sport an der Uni."
„Ist ja gut", entgegnet der Trainer, „dann
erkläre ich es dir noch mal ganz langsam."

„Du kommst diese Woche schon zum fünften Mal zu
spät zum Training!", schimpft der Trainer. „Weißt du,
was das bedeutet?"
Darauf der Spieler: „Dass heute Freitag sein muss?"

Der Fußballprofi fragt den Pfarrer: „Wird im
Himmel eigentlich auch Fußball gespielt?"
Der Pfarrer antwortet: „Da muss ich erst
nachfragen. Nächste Woche weiß ich mehr!"
Eine Woche später kommt der Fußballprofi
und wiederholt seine Frage. Da sagt der Pfarrer: „Ich habe eine gute und eine schlechte
Nachricht für dich. Die gute Nachricht ist: Ja,
im Himmel wird Fußball gespielt. Die schlechte
Nachricht ist: Du bist für das Heimspiel nächste Woche aufgestellt."

 Die deutsche Fußballnationalelf befindet sich im Trainingslager. Kai Havertz geht zum Mannschaftsarzt. „Was gibt's für ein Problem?" Havertz antwortet: „Doc, Sie hatten mir doch diese Kraftnahrung verschrieben ..." „Ja, was stimmt denn damit nicht?", fragt der Arzt. „Ich bekomme die Packung gar nicht erst auf!"

Unterhalten sich im Trainingslager zwei Fußballtrainer. „Was sagst du denn zu unserem Mittelstürmer?", fragt der eine.
„Toller Typ, wirklich", antwortet der andere. „Und wie man sieht, hat er ein hervorragendes Ballgefühl. Er kann ihn aufpumpen, einfetten und abwaschen. Nur den Ball ins Tor bringt er offensichtlich noch nicht."

 Trainerin: „Nele, warum warst du beim letzten Ausdauertraining nicht dabei?"
Nele: „Echt, Coach, wenn ich gewusst hätte, dass es das letzte ist, wäre ich bestimmt gekommen!"

„Nein!", sagt der Fußballtrainer zu seiner Verlobten. „Wir können auf keinen Fall an diesem Donnerstag heiraten!"
„Warum denn nicht?", will die Verlobte wissen.
„Weil dann unsere Silberhochzeit auf einen Samstag fällt. Und da muss ich ins Stadion!"

Der Trainer notiert gerade die Aufstellung für das nächste Spiel. Da fragt ein Spieler: „Wie lange kann ich denn beim kommenden Spiel spielen?"
Der Trainer, hektisch am Schreiben, raunt: „Eine Sekunde, bitte ..."
Daraufhin der Spieler: „Ach, super! Dann muss ich ja gar nicht so viel Konditionstraining machen."

Ein Spieler des FC Bayern kommt mit schmerzendem Fuß zum Arzt. Der fragt mitfühlend: „Na, Sie Armer, haben Sie sich beim Training verletzt?"
Darauf der Fußballspieler: „Nein, nein, mir ist nur mein Gehaltsscheck auf den Fuß gefallen."

Zwei Fußballer streiten während des Trainings miteinander. Der Trainer geht dazwischen: „Hört auf zu streiten! Man muss im Leben lernen, zu geben und zu nehmen!"
„Habe ich gemacht!", ruft einer der Spieler. „Ich habe ihm einen Fußtritt gegeben und seine Wasserflasche genommen."

Nach dem Training erklärt der Trainer seinem erfolglosen Abwehrspieler: „Also, nach langem Überlegen und in Absprache mit der Vereinsführung sind wir zu dem Entschluss gekommen, dass du uns mehr hilfst, wenn du bei der gegnerischen Mannschaft spielst."

WARUM IST DER BALL RUND?

Was ist der brutalste Sport der Welt?
Fußball. Da wird geköpft und geschossen!

Was ist der Unterschied zwischen einem Fußgänger und einem Fußballspieler?
Der Fußgänger geht bei Grün, der Fußballspieler bei Rot.

Warum wird Mönchengladbach seit Kurzem „Moenchengladbach" geschrieben?
Weil der Verein jeden Punkt gegen den Abstieg braucht!

Auch Fußbälle können sich verletzen.
Noch nie was vom Fußballverband gehört?

Was braucht man, um seinen Fußball bunt anzumalen?
Ballack.

Wie heißen die Fußballschuhe von Jesus?
Christstollen!

Was hat 22 Beine und zwei Flügel?
Jede Fußballmannschaft.

Wie nennt man es, wenn Kahn den Ball zu
Klinsmann kickt?
Seniorenpass.

Was ist der Angstgegner vom Nationaltrainer?
Der Ball.

Wie groß ist der ideale Schiedsrichter?
Exakt 25 cm und damit immer auf Ballhöhe.

Wie nennt man die deutsche Nationalmannschaft noch?
Einen Flaschenzug!

Was machen 16 Fußballspieler vor dem Kino?
Sie warten noch auf zwei Kumpels, denn der Film
ist erst ab 18.

Wenn sich ein Torwart an den Torpfosten lehnt und das Tor fällt um, was lernen wir dann daraus?
Der Klügere gibt nach.

**Wurde bereits im Alten Testament gespielt?
Ja, denn Gott sprach zu Noah: „Geh du in den Kasten, ich mach den Sturm."**

Wann wurde die deutsche Nationalmannschaft erstmals erwähnt?
Bereits im Alten Testament, denn darin heißt es: Sie trugen seltsame Gewänder und irrten planlos umher.

**Was ist die kleinste Brauerei Deutschlands?
Das Nationalteam, die haben elf Flaschen.**

Warum steht der Keeper barfuß im Tor?
Er hat seiner Frau versprochen, die Fußballschuhe an den Nagel zu hängen.

Was bedeutet das Wort „Team" für eine
Fußballmannschaft?
Toll, ein anderer macht's!

Was machen die Holländer, nachdem sie die WM
gewonnen haben?
Sie schalten erst mal die Playstation aus.

Woran denken Männer beim Stichwort
Romantik?
An ein Fußballspiel bei Kerzenschein.

Warum spielt das Fußballteam von Deppenhausen
auf einem kleineren Spielfeld?
Weil sie denken, dass das Spiel dann kürzer ist.

Was steht zwischen Torwart und Verteidiger?
Das Wort „und".

Was haben ein Weinkeller und die Fußballbundesli-
ga gemeinsam?
Jede der Flaschen ist ein Vermögen wert.

Warum spielt der doofe Dominik bei jedem Fußballspiel nur eine Halbzeit lang?
Weil er nicht weiß, wie er den Platz umdrehen soll.

Was ist schlimmer als ein Hooligan?
Zwei.

Worin besteht die Ähnlichkeit zwischen Fußballern und Babys?
Sie denken, sie können durch Schreien alles erreichen!

Humpelnd und ächzend kommt Hubert am Montag ins Büro. Fragt ihn eine Kollegin: „Rheuma mit all seinen Folgen?"
Sagt Hubert: „Nein, Fußball mit all meinen Söhnen."

Welche Funktion hat der kleine Junge, der
neben dem Profifußballer auf dem Platz vor
dem Spiel steht?
Er passt auf, dass der Spieler die richtige
Nationalhymne singt.

Was sagt der Bankräuber?
Geld her oder ich schieße!
Und was sagt der Stürmer?
Geld her oder ich schieße nicht!

Warum haben Fußballer grundsätzlich Mitleid
mit Schiedsrichtern?
Schiedsrichter sind zwar blind, haben aber
keinen Hund.

Warum bekommen die Spieler von Schalke alle
Fahrräder zu Weihnachten geschenkt?
Damit sie schon mal rechtzeitig das Absteigen üben
können.

Warum wollen alle nach dem Spiel das Trikot
des faulsten Spielers haben?
Weil es am wenigsten verschwitzt ist.

Welche Qualitäten braucht man als Profifußballer
auf jeden Fall?
Zwei geeignete Füße.

Was macht ein Fußballer, wenn seine Augen
schlechter werden?
Er arbeitet als Schiedsrichter.

Was fliegt und fängt mit B an?
Der Ball.

Was fliegt und fängt mit N an?
Noch ein Ball.

Was fliegt und fängt mit S an?
Schon wieder ein Ball.

Was ruft der Trainer, wenn der aggressive Torwart mit allen Mitteln seinen Torraum verteidigt?
„Der will doch nur spielen!"

Warum soll der Stadionrasen eines mittelmäßigen Fußballvereins einbetoniert werden?
Damit das Spielniveau nicht noch tiefer sinken kann!

Was ist der Unterschied zwischen einem Beinbruch und einem Einbruch?
Nach einem Beinbruch muss man drei Monate liegen, nach einem Einbruch muss man drei Monate sitzen.

Was ist der Unterschied zwischen einem Pferd und einem Fußball?
Das weißt du nicht? Na, dann pass mal besser auf, dass sie dir kein Pferd andrehen, wenn du das nächste Mal einen Fußball kaufen willst!

Warum musste das Spiel Stuttgart gegen
Bayern ausfallen?
Die Stuttgarter brauchten erst mal eine zwei-
stellige Anzeigetafel.

Was denkst du, wenn du fünf Kühe in rosa Trikots
die Straße hinuntergehen siehst?
Die gehören zur selben Mannschaft.

Wer geht übers Feld und bewegt sich nicht?
Der Feldweg.

Wie oft kann man von einem zwei Meter hohen Torpfosten zehn Zentimeter abschneiden?
Nur einmal. Danach ist er ja nur noch 1,90 Meter
hoch.

Wer kann höher springen als ein Stadion?
Jeder, ein Stadion kann nicht springen.

Was hüpft im schwarz-gelben Trikot von Baum zu Baum?
Ein BVB-Fan, der die Waldwege schont.

Welche Schuhe haben keine Sohlen?
Handschuhe.

Welches Tor läuft um die ganze Welt?
Der Äquator.

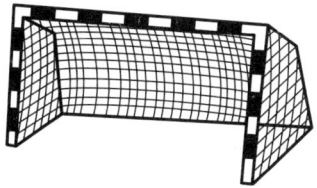

Wie sitzt ein Fußballer auf der Mauer?
Hart.

Du hast mich gern und trittst mich doch. Wer bin ich?
Der Fußball.

Wer tritt uns ins Gesicht, ohne eine Rote Karte
dafür zu kassieren?
Der Schweiß.

 Warum trägt der neue Trainer donnerstags
immer gelbe Socken?
Weil die weißen in der Wäsche sind.

Warum schwimmen Fußballer immer auf dem
Rücken?
Damit die Fußballschuhe nicht nass werden.

Mit welchem Ball kann man nicht Fußball
spielen?
Mit dem Erdball.

Was ist der Unterschied zwischen einer Viererkette
und einer Fahrradkette?
Das weißt du nicht? Und du willst ein Fußballfan
sein?

Warum lässt sich der junge Stürmer neuerdings Koteletten wachsen?
Weil er gelesen hat, dass bald ein Handy mit Klettverschluss auf den Markt kommt.

Ich sehe zehn Nullen vor mir. Wer bin ich?
Der Torwart.

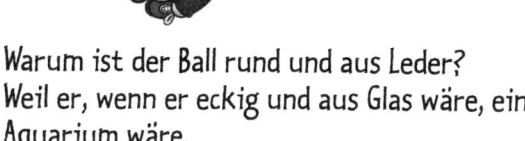

Warum ist der Ball rund und aus Leder?
Weil er, wenn er eckig und aus Glas wäre, ein Aquarium wäre.

Was ist der Unterschied zwischen einem Fußballer und einer Zecke?
Ein Fußballer kann eine Zecke haben, aber eine Zecke keinen Fußballer.

SPORTNACHWUCHS AUF DEM SCHULHOF

Der Lehrer ist verwundert: „Also ich weiß nicht, Finn, immer wenn ein wichtiges Fußballspiel ansteht, kommst du und sagst, deine Oma sei krank und du müsstest schnell nach Hause gehen und sie pflegen."

Finn ist entrüstet: „Also Herr Lehrer, wollen Sie damit etwa sagen, meine Oma tut nur so, als wäre sie krank?"

Gespräch auf dem Pausenhof.
„Gestern war ich beim Champions-League-Finale."
„Wie cool! Hast du Ronaldo gesehen?"
„Klar. Ich hab ihn sogar nach dem Spiel um ein Autogramm gebeten."
„Und er hat dir tatsächlich eins gegeben ..."
„Ja, woher weißt du das denn? Gibt er etwa damit an?"

Die Oma sitzt mit ihren Enkeln am Tisch.
„Na, wie geht es euch denn in der Schule?", will sie wissen.
„Prima", antwortet Maxi. „Susi ist die Erste in Mathe, Lars ist Erster in Englisch und ich bin gestern beim Fußballspielen als Erster vom Platz geschmissen worden."

Der Platzwart sieht nach dem Fußballspiel einen kleinen Jungen über den Zaun klettern. „He, Junge", ruft der Platzwart, „kannst du nicht rausgehen, wie du reingekommen bist?" „Mach ich doch!", ruft der Junge frech zurück.

Die Schulmannschaft fährt mit dem Bus zum Auswärtsspiel. Um die lange Fahrt zu verkürzen, erzählt der Busfahrer einen Witz nach dem anderen durchs Mikrofon. Irgendwann geht Emma nach vorn und sagt zum Busfahrer: „Ich glaube, Sie müssen meinen Opa kennen!"
„Wie kommst du denn darauf?", wundert sich der Busfahrer.
„Weil Sie alle seine alten Witze erzählen", antwortet sie.

In der Schule soll die sechste Klasse einen Aufsatz über ein Fußballspiel schreiben. Johanna will einfach nichts einfallen. Aber plötzlich kommt ihr die rettende Idee und sie schreibt: „Der Platz war leider nicht bespielbar!"

„Schrecklich, wie die Kleinen immer nach dem Fußballtraining nach Hause kommen", beschwert sich Frau Bachmann bei ihrer Nachbarin. „Letztes Mal musste ich erst die halbe Mannschaft waschen, bis ich meinen Sohn gefunden habe."

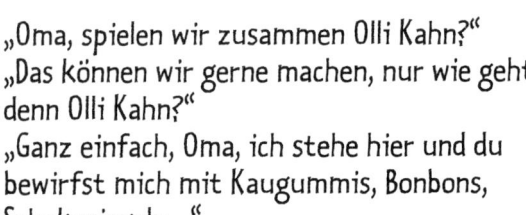
„Oma, spielen wir zusammen Olli Kahn?"
„Das können wir gerne machen, nur wie geht
denn Olli Kahn?"
„Ganz einfach, Oma, ich stehe hier und du
bewirfst mich mit Kaugummis, Bonbons,
Schokoriegeln ..."

„Yusuf!", schimpft die Mutter. „Wie oft habe ich dir
schon gesagt, dass du deine dreckigen Fußballschuhe vor der Tür ausziehen sollst?"
„Genau 658-mal, Mama!"

 Ein Mann sitzt gemütlich auf der Parkbank, da
saust plötzlich ein scharf geschossener Fußball
an seinem Kopf vorbei. Der Mann nimmt sich
den Schützen vor: „Na, du willst wohl Ärger?"
Sagt der Junge: „Nein, danke, meine Mutter
hat mir verboten, von fremden Männern etwas
anzunehmen."

Tommi sitzt beim Frühstück mit der Zeitung am
Tisch und liest den Sportteil. Verwundert fragt er
seine Mama: „Du, Mama? Warum passiert eigentlich
bei den Fußballspielen am Wochenende immer
genau so viel, wie am Montag in die Zeitung passt?"

Ein paar Kinder spielen im Park Fußball. Auf einer Parkbank sitzt ein alter Mann. Zum bereits fünften Mal saust der Ball haarscharf an dem Mann vorbei. Da schreit er den Kindern zu: „He! Könnt ihr denn nicht woanders Fußball spielen?"

„Können wir schon", erwidert ein Mädchen, „aber dann müssen Sie mitkommen! Sie sind nämlich unser linker Torpfosten!"

Jonas prahlt auf dem Schulhof mit seinem Fußballwissen.

„Okay, Jonas", meint Elif, „kannst du mir denn zum Beispiel einen Fußballer aus Bulgarien nennen?"

„Klar, Elif. Welchen denn?"

Leistungstest zur Aufnahme in die Fußballmannschaft der Schule. Der Ausdauertest steht auf dem Programm. Nach fünf Kilometern Waldlauf nimmt der Sportlehrer drei Schüler raus.

„Ihr seid zu kurz, Jungs", sagt er streng.

„Wieso zu kurz?", protestieren die Schüler.

„Weil euch vorne die Zunge raushängt", erklärt der Lehrer.

Zwei Kinder planen gemeinsam ihren Nachmittag.
„Hör zu", sagt Malik „wir werfen eine Münze. Bei
Kopf gehen wir auf den Bolzplatz und bei Zahl spielen wir gleich hinter dem Haus Fußball."
„Gut", meint Mila, „und wann machen wir unsere
Hausaufgaben?"
„Wenn die Münze auf der Kante stehen bleibt."

Die kleine Hannah kommt völlig verdreckt
vom Fußballspiel nach Hause. Schon an der Tür
beruhigt sie ihre Mutter: „Nur kein Stress,
Mama. Baden ist völlig unnötig. Das Rückspiel
ist schon nächste Woche."

Ruby ist Torhüterin in der Klassenmannschaft.
Nach dem letzten, sehr anstrengenden Spiel geht
sie nach Hause. Ihre Mutter ist entsetzt: „Ruby, wie
siehst du denn aus? Überall blaue Flecken und
Beulen und einen Schneidezahn hast du auch noch
verloren!"
„Aber nein, Mum", beruhigt Ruby, „den Zahn habe
ich doch in diese Hosentasche gesteckt."

Eine neue Lehrerin möchte ihre Klasse besser kennenlernen. Jeder soll sich kurz vorstellen.

„Ich heiße Janine und mein Vater ist Automechaniker."

„Mein Name ist Ozan und mein Vater arbeitet im Krankenhaus."

„Ich bin Felix und mein Papa macht die Klos im Bahnhof sauber."

Nach dem Unterricht holt die Lehrerin Felix zu sich und fragt: „Sag mal, Felix, stimmt das denn mit deinem Vater und den Bahnhofklos?"

„Natürlich nicht", sagt Felix, „mein Papa spielt bei Schalke. Aber es war mir zu peinlich, das zu sagen."

Leon und Sarah spielen zusammen Fußball. „Oje", sagt Sarah irgendwann, „schau mal auf die Uhr. Wir sollten längst zu Hause sein!"

„Stimmt", meint Leon. „Aber trotzdem sollten wir jetzt noch nicht gehen. Wenn wir jetzt nach Hause kommen, gibt's Ärger. Aber wenn wir warten, bis es dunkel ist, machen sich alle Sorgen und sind dann froh, dass uns nichts passiert ist."

Die Deutschlehrerin gibt ihren Schülern einen Aufsatz als Hausaufgabe, in dem sie über ihr schönstes Erlebnis vom Wochenende berichten sollen. Am Montag geben Aylin und Julian einen Aufsatz über einen Besuch im Fußballstadion ab. Die Aufsätze gleichen sich bis aufs Wort.

Da schimpft die Lehrerin: „So geht das aber nicht! Ihr könnt doch nicht ein und denselben Aufsatz abgeben!"

„Wieso denn nicht?", verteidigen sich die beiden.

„Schließlich waren wir doch beim selben Spiel!"

Benjamin hat heute seine kleine Schwester mit ins Stadion genommen. Sie haben Sitzplätze auf der Haupttribüne. „Sitzt du gut?", fragt Benjamin seine Schwester.

„Ja", antwortet diese.

„Siehst du auch gut aufs Spielfeld?"

„Ja."

„Sitzt auch kein großer Mann vor dir, der dir die Sicht versperren könnte?"

„Nein, Benjamin."

„Gut, dann lass uns die Plätze tauschen."

„Aber David, warum spielst du denn nicht mehr mit den anderen Kindern Fußball?", will die besorgte Mutter von ihrem Sohn wissen.

„Würdest du Fußball spielen wollen, wenn man dich andauernd foult?", fragt David.

„Nein, natürlich nicht!"

„Eben, die anderen Kids auch nicht."

Heute spielt die Schülermannschaft der Kleinen zum ersten Mal auf dem großen Feld. Sie verlieren gnadenlos das Spiel und die Kleinen sind völlig aus der Puste. „Kopf hoch!", tröstet der Trainer seine Schützlinge. „Wir haben zwar verloren, aber wenigstens hat sich keiner verlaufen."

Isa zu seinem Vater: „Du, Papa, ich hätte da mal zwei Fragen."
„Frag nur, mein Junge."
„Okay. Erstens: Darf ich heute Nachmittag auf den Bolzplatz? Und zweitens: Warum nicht?"

Paul hat eine Fensterscheibe mit dem Fußball zerschossen. Gerade will er verschwinden, da packt ihn der Hausmeister und fängt an zu schimpfen: „So, so! Erst die Scheibe zerschießen und dann auch noch abhauen wollen!"
„Was heißt hier abhauen?", fragt Paul. „Ich wollte doch nur möglichst schnell nach Hause und das Geld zum Ersetzen der Scheibe holen."

Noah hat beim Fußballspielen hinterm Haus ein Kellerfenster eingeschossen. Kleinlaut läutet er beim Hausverwalter und sagt: „Guten Tag, könnte ich Sie mal unter drei Augen sprechen?"
„Wieso drei Augen?", wundert sich der Hausverwalter.
„Na, eines werden Sie wohl zudrücken müssen."

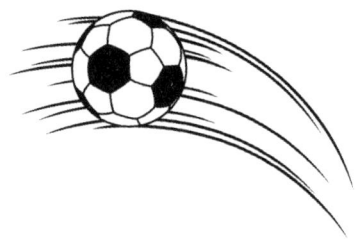

Irgendjemand hat die Fensterscheibe zerschossen und der Verdacht fällt sofort auf Janosch, der den ganzen Tag im Hof Elfmeterschießen geübt hat.
Doch Janosch streitet alles ab. „Ich war's garantiert nicht!", behauptet er.
Entgegnet der Hausmeister: „Das kenn ich schon, das sagen alle."
„Ja dann", meint Janosch, „wenn das alle sagen, wird es doch wohl wahr sein."

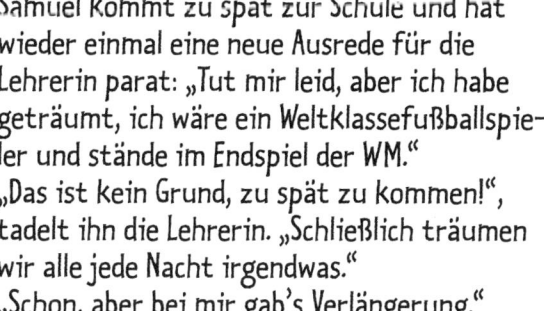

Samuel kommt zu spät zur Schule und hat wieder einmal eine neue Ausrede für die Lehrerin parat: „Tut mir leid, aber ich habe geträumt, ich wäre ein Weltklassefußballspieler und stände im Endspiel der WM."
„Das ist kein Grund, zu spät zu kommen!", tadelt ihn die Lehrerin. „Schließlich träumen wir alle jede Nacht irgendwas."
„Schon, aber bei mir gab's Verlängerung."

„Was hast du denn zum Geburtstag bekommen?", wollen die Mitschüler von Sophie wissen.
„Eine Steinschleuder und drei Fußbälle", antwortet Sophie.
„Wow! Dein Vater ist ja ganz schön großzügig."
„Ach was", meint Ava, „der denkt doch nur an sich und seine Glaserei."

Bei einem U8-Spiel ruft der Schiedsrichter den Trainer zu sich und beschwert sich: „Einer Ihrer Jungs hat mich gerade ein aufgeblasenes Warzenschwein genannt. Sowas lasse ich mir nicht bieten!"
Sagt der Trainer entschuldigend: „Tut mir leid, Schiri, ich hab den Kindern sofort gesagt, dass sie niemanden nach seinem Äußeren beurteilen sollen."

Im Erdkundeunterricht fragt die Lehrerin, wo Bayern liegt. Keiner in der Klasse sagt etwas, bis sich überraschend Milan meldet: „Meistens an der Tabellenspitze!"

Luis fragt seine Oma: „Omi, spielst du mit mir das Frage-und-Antwort-Spiel?"
„Aber gerne doch. Wie geht denn das Spiel?"
„Also, das geht so: Ich frage dich: ‚Omi, willst du das neue Trikot von Lionel Messi?'."
„Nein, Luis, möchte ich nicht. Und wie geht das Spiel jetzt weiter?"
„Jetzt fragst du mich das Gleiche, Omi ..."

„Na, mein Junge", bemerkt der besorgte Vater, „dein Zeugnis lässt ja einiges zu wünschen übrig."
„Prima!", antwortet der Junge. „Dann wünsch ich mir ein Trikot vom BVB!"

Ausflug zum Auswärtsspiel der Schulmannschaft mit dem Bus. An einem Rastplatz hält der Busfahrer für eine kurze Pause, dann geht die Fahrt weiter. Nach einigen Kilometern geht Jason nach vorne zum Trainer. „Sorry, Coach, aber wissen Sie, wie der Rastplatz hieß, an dem wir gerade gehalten haben?"
„Ne, weiß ich nicht und ist mir auch egal", antwortet der Trainer.
„Ich mein ja nur", gibt Jason zu Bedenken, „wo wir doch die halbe Mannschaft dort vergessen haben."

Elias prahlt auf dem Schulhof vor seinen Mitschülern: „Na, Leute, was würdet ihr machen, wenn ihr so gut Fußball spielen könntet wie ich?"
Sagt einer von den Jungs: „Ich würde in den Töpferkurs wechseln."

Der Sohn vom angesehenen Professor Rossi schlägt aus der Reihe und interessiert sich für Fußball. Eines Abends fragt der Junge seinen Vater: „Papa, darf ich in den Sommerferien ein Trikot von Neymar anziehen?"

Professor Rossi schaut von seiner Lektüre auf und meint gönnerhaft: „Natürlich, mein Sohn, wenn du und dein Freund die gleiche Größe habt."

„Na, Torben, alles okay mit dem Schulzeugnis?", fragt der Vater.

„Klar, Papa", antwortet Torben. „Alle anderen müssen die Klasse verlassen, nur mein Vertrag wurde verlängert."

Das Fußballspiel auf dem Bolzplatz hinter dem Wohngebiet ist gerade in vollem Gang. Da wird Charlotte von ihrer Mutter gerufen. „Mist, ich muss nach Hause", jammert sie, „Klavier üben, Matheaufgaben machen, den Schulaufsatz schreiben und Vokabeln lernen. Spielt ohne mich weiter. Aber in zehn Minuten bin ich wieder da."

Fragt der Mathelehrer im Unterricht: „Das kleinste sind die Millimeter, dann kommen die Zentimeter und was kommt dann?"
Meldet sich ein Schüler aus der letzten Reihe: „Dann kommt der Elfmeter!"

Der Pfarrer spricht mit dem kleinen Niklas: „Ein Jammer, dass du nicht jeden Sonntag in die Kirche gehst, sondern stattdessen lieber Fußball spielst! Weißt du denn nicht, was mit Jungs wie dir passiert?"
Niklas überlegt kurz und sagt: „Doch, die spielen irgendwann in der Bundesliga und verdienen Millionen."

Amira kommt zu spät nach ihrem ersten Spiel für die Schülermannschaft nach Hause und entschuldigt sich bei ihrer Mutter.
„Es ging nicht früher, das Spiel hat 20 Minuten zu spät angefangen, weil der Schiedsrichter noch seine Pfeife gesucht hat."

Amiras Mutter ist schockiert. „Der Schiedsrichter sucht seine Pfeife? Ja, wird denn da geraucht auf dem Fußballplatz?"

Der Lehrer fragt: „Wer kann mir drei berühmte Männer mit dem Anfangsbuchstaben B nennen?"
Schüler: „Ballack, Basler, Beckenbauer."
Lehrer: „Hast du noch nie was von Bach, Brahms oder Beethoven gehört?"
Schüler: „Dritte Liga interessiert mich nicht."

Kurz vor Anpfiff der Schülermeisterschaft: Der Sportlehrer schimpft seine Mannschaft aus. „Also, Jungs, wie seht ihr denn aus? Die Trikots sind ja total dreckig! Die hätten doch schon vor längerer Zeit gewaschen werden müssen." Antwortet einer der Schüler: „Aber die sind doch vor längerer Zeit gewaschen worden."

Nina erzählt in der Klasse: „Ich träume davon, dass ich einmal ein großer Fußballstar werde und jede Menge Geld verdiene, genauso wie mein Papa."
„Wow, dein Papa ist Fußballstar und verdient damit jede Menge Geld?", staunen ihre Mitschüler.
„Nein", antwortet Nina, „aber er träumt davon."

Der komische Konrad muss zum Schulpsychologen und erzählt: „Meine Mama schickt mich zu Ihnen, weil ich so gerne Fußball mag."
„Aber Konrad", sagt der Psychologe, „das ist doch nicht schlimm. Ich mag Fußball auch sehr gerne."
„Ach, wirklich?", fragt Konrad strahlend. „Wie mögen Sie ihn denn? Ich mag ihn am liebsten ganz klein geschnitten mit Schlagsahne und Schokostreuseln."

Die Kinder spielen ein wildes Fußballspiel. Plötzlich liegt der Ball ohne Luft im Gras. Carlo beruhigt die Mitspieler. „Halb so schlimm, Leute! Der Ball ist ja nur unten platt."

Und wieder einmal kommt Susi völlig verdreckt vom Bolzplatz nach Hause.
Ihre Mutter ist entsetzt. „Susi!", ruft sie. „Wie siehst du denn wieder aus? Man erkennt dich ja kaum! Du musst dringend unter die Dusche."
„Nicht nötig, Mama", sagt Susi. „Solange du mich noch an der Stimme erkennst."

Tobias erzählt zu Hause seiner Mama: „Heute bin ich bei Herrn Krause vorbeigegangen und er hat ganz böse aus dem Fenster herausgeschaut, als ob ich ihm gestern das Fenster mit dem Fußball eingeschossen hätte!"
„Und was hast du dann gemacht?", will seine Mutter wissen.
Sagt Tobias: „Ich hab zurückgeschaut, so, als wär ich's nicht gewesen."

Eine junge Schulmannschaft steht müde vor der Hotelrezeption, das Hotel ist restlos ausgebucht. Fragt der Kapitän: „Sagen Sie mal: Was wäre, wenn wir jetzt die Fußballnationalmannschaft wären? Hätten Sie dann auch keine Zimmer mehr für uns?"
„Also", sagt der Hotelangestellte, „für die Nationalmannschaft hätten wir vielleicht schon noch etwas frei."
„Na prima", sagt der Kapitän. „Die Nationalelf ist beim Auswärtsspiel in Brasilien. Sie können uns also getrost deren Zimmer geben."

Traurig kommt Oskar vom Fußballspiel nach Hause. „Habt ihr verloren?", fragt sein Vater. „Nein", antwortet Oskar, „aber ich soll in einer anderen Mannschaft spielen."
„Dann haben sie dich also verkauft?"
„Nein, viel schlimmer – verschenkt!"

Ein kleiner Junge verfolgt gemeinsam mit seinem Vater aufmerksam ein Fußballspiel. Als das Team zur Halbzeit in die Kabine geht, fragt der Junge: „Papa, wenn sie jetzt ausgeschlafen haben ... dann können die Spieler in der Pause doch frühstücken, oder?"

Die Mathelehrerin schreibt 2:2 an die Tafel.
„Was ist das, Kinder?", fragt sie die Klasse.
Da rufen alle lauthals: „Unentschieden!"

Raphael schleppt einen riesigen Sack mit Holzscheiten zur Tür hinaus. „Aber Raphael, wohin willst du denn mit dem ganzen Holz?", fragt seine Mutter.
„Zum Fußballspiel!", antwortet Raphael.
„Und wozu brauchst du da Holz?"
Raphael verdreht die Augen. „Ich will doch die Spieler anfeuern!"

MAN DARF DEN SAND NICHT IN DEN KOPF STECKEN – ORIGINALZITATE VON FUSSBALLERN, TRAINERN UND ANDEREN VERRÜCKTEN

„Ed Sheeran hat etwas geschafft, was ich selten gesehen habe: dass die Leute nach einem Event auf Schalke glücklich aus dem Stadion nach Hause gegangen sind." – Toni Kroos

„Kopfball war für mich immer so etwas Ähnliches wie Handspiel." – Günter Netzer

„Ich denke nicht vor dem Tor. Das mache ich nie." – Lukas Podolski

„Wissen Sie, wer mir am meisten leidtat? Der Ball." – Franz Beckenbauer

„Es steht im Augenblick 1:1. Aber es hätte auch umgekehrt lauten können." – Heribert Faßbender

„Am Ende ist Fußball ohne Fans für mich wie Currywurst ohne Curry." – Gonzalo Castro

„Ich habe meinen Beruf zum Hobby gemacht." – Marco Reus

„Wenn Messi hustet, hat Barcelona die Grippe!" – Marcel Reif

„Das Beste an der ersten Halbzeit war, dass Mario Basler nicht erfroren ist." – Franz Beckenbauer

„Da müssen wir uns um 1000 Grad drehen." – Thomas Schaaf

„Zwei Minuten gespielt, immer noch hohes Tempo." – Holger Obermann

„Das ist ein super Fußballer – jetzt muss er nur noch lernen, Sportler zu werden." – Mats Hummels

„Worüber ich mir die ganze vergangene Zeit Gedanken gemacht habe? Meine Frisur, die ist nämlich scheiße ..." – Mehmet Scholl

„Am Ergebnis wird sich nicht mehr viel ändern, es sei denn, es schießt einer ein Tor."– Franz Beckenbauer

„Da kam dann das Elfmeterschießen. Wir hatten alle die Hosen voll, aber bei mir lief's ganz flüssig." – Paul Breitner

„Wenn du beim FC Bayern einen Vertrag unterschreibst, steht drin, dass du Deutscher Meister werden musst." – Bastian Schweinsteiger

„Also, du hattest 90 Minuten Zeit, dir vernünftige Fragen zu überlegen – ehrlich. Und dann stellst du mir zwei so Scheißfragen. Das ist Wahnsinn." – Toni Kroos

„Einige haben von einem recht guten Spiel gesprochen. Da frage ich mich, ob ich zum Augen- oder zum Ohrenarzt muss." – Andreas Möller

„Je länger das Spiel dauert, desto weniger Zeit bleibt." – Marcel Reif

„Man darf den Sand nicht in den Kopf stecken!" – Lothar Matthäus

„Wir spielen am besten, wenn der Gegner nicht da ist!" – Otto Rehagel

„Zu 50 Prozent stehen wir im Viertelfinale. Aber die halbe Miete ist das lange noch nicht." – Rudi Völler

„Wir müssen jetzt die Köpfe hochkrempeln ... und die Ärmel auch." – Lukas Podolski

„Die Viererkette ist nur noch ein Perlchen." – Johannes B. Kerner

„Mailand oder Madrid – Hauptsache Italien!" – Andreas Möller

„Da geht er, ein großer Spieler. Ein Mann wie Steffi Graf." – Jörg Dahlmann

„Wenn Sie dieses Spiel atemberaubend finden, haben Sie es an den Bronchien." – Marcel Reif

„Schlechte Nachricht: Für das Spiel morgen gegen Brügge reicht es leider nicht. Gute Nachricht: Für 'nen Muskelfaserriss bin ich zu langsam." – Mats Hummels

„Ich glaube, dass der Tabellenerste jederzeit den Spitzenreiter schlagen kann." – Berti Vogts

„Sie sollten das Spiel nicht zu früh abschalten. Es kann noch schlimmer werden." – Heribert Faßbender

„Wenn man ein 0:2 kassiert, dann ist ein 1:1 nicht mehr möglich!" – Aleksandar Ristić

„Es gibt nur eine Möglichkeit: Sieg, Unentschieden oder Niederlage." – Franz Beckenbauer

„Ein Lothar Matthäus lässt sich nicht von seinem Körper besiegen, ein Lothar Matthäus entscheidet selbst über sein Schicksal." – Lothar Matthäus

„Halten Sie die Luft an und vergessen Sie das Atmen nicht!" – Johannes B. Kerner

„Fußball ist wie Schach ohne Würfel." –
Lukas Podolski

„Wenn ich scheiße spiele, habe ich nicht so viel
Lust auf die Interviews, und wenn ich gut spiele,
habe ich auch nicht so viel Lust auf Interviews." –
Niklas Süle

„Ich habe kaum drei echte Abwehrspieler.
Da kann ich nicht mit einer Viererkette
spielen." –
Uwe Rapolder

„Das Einzige, was sich in der ersten Hälfte bewegt
hat, war der Wind." – Franz Beckenbauer

„Wir müssen gewinnen, alles andere ist
primär." – Hans Krankl

„Ich hatte vom Feeling her ein gutes Gefühl." –
Andreas Möller

„Nein, liebe Zuschauer, das ist keine Zeitlupe. Der läuft wirklich so langsam." – Werner Hansch

„0:0 – unter Statistikern wird man sagen: Es hat schon torreichere Partien gegeben." – Gottfried Weise

„Wir stellen nach Leistung auf, nicht nach Tattoos!" – Jogi Löw

„Ihr fünf spielt jetzt vier gegen drei." – Fritz Langner

„Erst hatten wir kein Glück, dann kam auch noch Pech dazu." – Jürgen Wegmann

„Mein Problem ist, dass ich immer sehr selbstkritisch bin, auch mir selbst gegenüber." – Andreas Möller

„Ich habe keine Rituale, bloß Dinge, die man immer gleich macht." – Michael Ballack

„Die meiste Luft hat der Ball." – Philipp Lahm

„Wir Fußballer denken eh nur von heute bis gestern." – Thomas Müller.

„Einen so harten Ellenbogen hat der in ganz Kolumbien noch nicht erlebt. Aber genaugenommen war es das Knie." – Gerd Rubenbauer

„Die Schweden sind keine Holländer – das hat man ganz genau gesehen." – Franz Beckenbauer

„Wir haben 99 Prozent des Spiels beherrscht. Die übrigen drei Prozent waren schuld, dass wir verloren haben." – Ruud Gullit

„Das war nicht ganz unrisikovoll." –
Karl-Heinz Rummenigge

„Die Luft, die nie drin war, ist raus aus dem Spiel." –
Gerhard Delling

„Es war nicht die Hand Gottes, sondern
die Watsch'n eines Sechzigers." –
Franz Beckenbauer

„Unsere Chancen stehen 70:50." – Thorsten Legat

„Fußball ist ein Spiel von 22 Leuten, die rum-
laufen, Ball spielen, und einem Schiedsrichter,
der eine Reihe dummer Fehler macht, und am
Ende gewinnt immer Deutschland." –
Gary Lineker

„Schiedsrichter kommt für mich nicht infrage, schon eher etwas, was mit Fußball zu tun hat." – Lothar Matthäus

„Auch ohne Matthias Sammer hat die deutsche Mannschaft bewiesen, dass sie in der Lage ist, ihn zu ersetzen." – Marcel Reif

„Wenn wir Deutschen tanzen, und nebenan tanzen Brasilianer, dann sieht das bei uns eben aus wie bei Kühlschränken." – Berti Vogts

„We in Bayern, we have Robert Lewangoalski. You know, Robert LewanGOALski!" – Thomas Müller.

„Im ersten Moment war ich nicht nur glücklich, ein Tor geschossen zu haben, sondern auch, dass der Ball reinging." – Mario Basler

„Leichte Bälle zu halten ist einfach. Schwierige Bälle zu halten ist immer schwierig." – Otto Rehagel

„Wir können so etwas nicht trainieren, nur üben." – Michael Ballack

„Ich hoffe, dass die deutsche Mannschaft auch in der zweiten Halbzeit eine runde Leistung zeigt, das würde die Leistung abrunden!" – Günter Netzer

„Des interessiert mich ois net, der Scheiß-dreck. Weltmeister samma. Den Pott hamma. Den scheiß goldenen Schuh kannst dir hinter die Ohren schmier'n." – Thomas Müller

„Erfolg ist ein scheues Reh. Der Wind muss stim-men, die Witterung, die Sterne und der Mond." – Franz Beckenbauer

„Das Gegentor fiel zum psychologisch ungünstigen Zeitpunkt. Aber man muss an dieser Stelle auch einmal die Frage stellen, ob es Gegentore gibt, die zu einem psycho-logisch günstigen Zeitpunkt fallen." – Christoph Daum

„Ich habe immer gesagt, mich interessiert nicht, wer spielt. Hauptsache, ich spiele." – Mario Basler

„Wo keine Muskeln sind, kannst du dir auch nicht wehtun. Meine Waden sind so dünn, da kann kein Gegner die Knochen treffen, weil man sie so schlecht sieht." – Thomas Müller

„Wir wollten in Bremen kein Gegentor kassieren. Das hat auch bis zum Gegentor ganz gut geklappt." – Thomas Häßler

„Ich bin immer noch am Überlegen, welche Sportart meine Mannschaft an diesem Abend ausgeübt hat. Fußball war's mit Sicherheit nicht." – Franz Beckenbauer

„Früher war ich ein großer Fan von Mönchengladbach. Doch da hatte ich noch keine Ahnung vom Fußball." – Marco Reich

„Bevor wir für einen Torwart 15 bis 20 Millionen bezahlen, stelle ich mich selbst ins Tor." –
Reiner Calmund

„Ich schlage vor, Sie halten sich jetzt die Augen zu. Ich sage nämlich jetzt die Bundesligaergebnisse." – Johannes B. Kerner

„Wir werden uns zu einer Krisensitzung zusammensetzen, weil wir nur 4:2 gegen den VfB gewonnen haben." – Oliver Kahn

„Ich hab meinen Spielern in der Pause gesagt: ,Wenn wir schon mal alle hier sind, können wir doch eigentlich auch mal ein bisschen Fußball spielen.'" – Jürgen Klopp

„Wenn der Ball so gesprungen wäre, wie ich es gedacht habe, hätte ich ihn gehalten, glaube ich." – Jens Lehmann

„Rainer Calmund sagt zu allem irgendwas. Stoßen in Tschechien zwei Spieler mit dem Kopf zusammen, weiß er, dass das in Leverkusen 1934 auch schon passiert ist." – Uli Hoeneß

„Ich habe in einem Jahr 15 Monate durchgespielt." – Franz Beckenbauer

„Wenn wir hier nicht gewinnen, dann treten wir ihnen wenigstens den Rasen kaputt." – Rolf Rüssmann

„Es war sehr schmerzvoll, aber ich habe kaum etwas gespürt." – Mioslav Klose

„Bei uns wird auf dem Platz zu wenig gesprochen. Das könnte an der Kommunikation liegen." – Erich Ribbeck

„Wie soll ich mich fühlen!? Ich freue mich immer über Niederlagen!" – Christoph Daum

„So ist Fußball. Manchmal gewinnt der Bessere." – Lukas Podolski

ALLE WELT
LIEBT FUSSBALL

Das Auto des berühmten Stürmers muss in die Werkstatt. Nach einer kurzen Inspektion verkündet die Mechanikerin: „Ihr Wagen braucht neue Kerzen." Darauf meint der Stürmer verwundert: „Ja, ist denn schon Weihnachten?"

Joshua Kimmich hat sich einen schicken Flitzer zur Probefahrt ausgeliehen. Schon nach wenigen Kilometern streikt der Wagen und Joshua muss ihn die ganze Strecke zurückschieben. Völlig außer Atem erreicht er das Autohaus. Dort beschimpft er den Verkäufer: „Was für eine Frechheit. Alles, was Sie mir zu diesem Auto erzählt haben, war gelogen. Nur in einem Punkt hatten Sie recht."
„Immerhin", antwortet der Verkäufer. „Und der wäre?"
„Als Sie sagten, der Wagen brauche wenig Benzin."

Hassan fragt im Buchladen nach einem spannenden Fußballkrimi.
„Probier doch mal ‚Mord im Strafraum'", rät die Buchhändlerin, „das Buch ist total spannend. Man weiß 200 Seiten lang nicht, wer der Mörder ist, bis man auf der allerletzten Seite erfährt, dass es der Trainer war."

Der Manager verhandelt mit dem Präsidenten eines bekannten Fußballclubs.
„Welche Sicherheit habe ich, dass Sie die Ablösesumme von zwei Millionen Euro auch wirklich überweisen?", fragt der Manager.
„Also bitte, genügt Ihnen das Wort eines Ehrenmannes nicht?", fragt dieser.
„O doch", sagt der Manager, „kommen Sie doch dann morgen mit ihm vorbei."

Kommt ein Mann in die Buchhandlung und fragt:
„Haben Sie ein Buch, mit dem man Fußball spielen in drei Tagen lernen kann?"
Antwortet die Verkäuferin: „Fragen Sie mal im zweiten Stock in der Abteilung für Märchenbücher."

Der Spitzenstürmer meldet sich bei der Polizei:
„Gerade bin ich bestohlen worden. Der Dieb hat mir meinen Geldbeutel mit 150 Euro geklaut und ist davongelaufen."
„Ja, warum sind Sie ihm denn nicht hinterhergerannt?", fragt der Polizist. „Sie als Spitzenfußballer hätten ihn doch sicher eingeholt!"
Da erwidert der Fußballstar: „Ja, was erwarten Sie denn? Dass ich für lumpige 150 Euro losrenne?"

Vor einem wichtigen Finalspiel sucht der Fußball-
trainer eine Wahrsagerin auf.
„Nächste Woche wirst du mit Blumen und Lobes-
hymnen überhäuft", weissagt ihm die alte Frau.
„Das ist ja großartig!", freut sich der Trainer. „Das
wird dann wohl auf unserer Siegesfeier sein."
„Nein", sagt die Wahrsagerin, „auf deiner
Beerdigung."

Der Vereinsvorstand macht eine Vermissten-
anzeige.
„Unser Platzwart ist verschwunden", gibt er
zu Protokoll.
„Seit wann?", fragt der Polizist.
„Seit dem Tag, als der neue Rollrasen verlegt
wurde."
Der Polizist denkt kurz nach. „Sind denn
irgendwelche Unebenheiten im Rasen?"

Nach einem verpatzten Spiel fragt der Trainer
den glücklosen Bastian Schweinsteiger: „Mensch,
Schweini, wann seh ich endlich wieder was von dir?"
„Heute Abend, Trainer", beruhigt ihn Schweini, „im
Werbefernsehen."

Der neue Star der Fußballmannschaft wehrt
sich gegen den Vorwurf, eingebildet zu sein:
„Ich und eingebildet? Niemals! Ich kenne
mindestens zehn Spieler aus meinem Team, die
sich einbilden, sie seien besser als ich."

Im Vorderzimmer des Managers hört man ihn laut durch die Tür schreien.

„Was ist los?", fragt ein Spieler die Sekretärin. „Hat der Boss schlechte Laune?"

„Nein, das nicht. Er spricht nur mit der FIFA in der Schweiz."

„Ach so", sagt der Spieler, „und warum nimmt er da nicht einfach das Telefon?"

Ein Ehepaar sitzt morgens zusammen am Frühstückstisch und liest Zeitung.
„Unglaublich. Da wechseln ein van Gogh für 30 Millionen Euro und ein Monet für 25 Millionen Euro den Besitzer", liest die Frau aus dem Kulturteil vor.
Da blickt der Mann über seinem Sportteil hervor und meint: „Unmöglich, mit diesen Preisen machen sich die ganzen Fußballclubs doch gegenseitig kaputt."

Toni Kroos ist sehr unzufrieden mit seinem neuen Zuhause. Jogi Löw versucht es noch einmal und führt ihn durch die tolle und große Villa am Starnberger See. „Schau doch mal, Toni! Vom Balkon aus kannst du sogar bis zu den Alpen sehen!"

Da antwortet Kroos unbeeindruckt: „Ach, Jogi. Vom Balkon meines Kölner Anwesens konnte ich sogar bis zum Mond sehen."

Nach dem verlorenen Auswärtsspiel rast die Busfahrerin mit dem Mannschaftsbus bei Rot über die Ampel. Da ruft einer der Spieler schockiert: „Mensch, warum fährst du denn bei Rot über die Ampel?"
Antwortet die Busfahrerin: „Damit wir wenigstens in Flensburg ein paar Punkte holen."

Ein Mann in schwarzer Sportkleidung und mit einer blutigen Nase klopft an das Himmeltor. Petrus öffnet ihm. Der Mann sagt: „Hallo, ich bin Schiedsrichter, darf ich reinkommen?"
Petrus fragt: „Hast du auch immer richtig gepfiffen?"
„Aber sicher doch", sagt der Schiri, „nur einmal, beim Länderspiel England gegen Italien in Rom, da habe ich einen Elfmeter für England gegeben. Obwohl alle gesehen haben, dass das nie ein Elfer war."
„Oje", sagt Petrus. „Wann war denn das?"
Sagt der Schiri: „Vor zwei Minuten."

Der Spielervermittler empfiehlt dem Manager einen völlig unbekannten Torwart. Der Manager ist skeptisch und fragt den Torwart: „Weißt du überhaupt, was ein Abschlag ist?"
„Logisch", antwortet der Torwart. „Ihr zahlt mir 100.000 Euro sofort und den Rest am Saisonende."

Eine Fußballmannschaft fliegt nach Amerika. Der Flug dauert ewig und aus Langeweile fangen die Spieler an, im Flugzeug Fußball zu spielen. Dabei wird die Tür zum Cockpit das Tor. Nach vielen Schüssen gegen die Tür ist der Kapitän langsam genervt und er schickt den Co-Piloten hinaus, um für Ruhe zu sorgen. Tatsächlich ist es kurz darauf ganz still. „He, wie hast du denn das gemacht?", fragt der Kapitän.

„Ganz einfach", antwortet der Co-Pilot, „ich habe gesagt: ‚Jungs, es ist so schönes Wetter, spielt doch draußen weiter'."

Ein Schalkefan geht zum Friseur. Kaum hat er sich hingesetzt, fängt der Friseur an, ihm in einer Tour von den Dortmundern vorzuschwärmen: was für super Spieler die hätten und wie toll sie letztes Wochenende gespielt haben und dass sie sicher Meister werden. Irgendwann reicht es dem Schalkefan und er unterbricht den Friseur: „Jetzt ist aber mal gut, hören Sie auf! Ich kann dieses Geschwätz nicht mehr hören!"

„Ist doch nicht ernst gemeint", meint der Friseur grinsend, „aber bei diesem Thema sträuben sich Ihre Haare so schön."

Die Freundinnen Marie und Azra streiten sich schon wieder über das Fernsehprogramm. „Mensch, Marie! Schon wieder Titanic? Den Film haben wir doch schon zweimal gesehen", schimpft Azra.
„Na und?", kontert Marie. „Deutschland gegen Italien gab's auch schon öfter."

Auf der Münchner Leopoldstraße hält ein Auto. Der Fahrer lässt das Fenster runter und fragt einen Passanten: „Entschuldigung, wie weit ist es denn von hier bis zur Allianz Arena?"
Antwortet der Passant: „Wenn Sie zügig fahren, sind Sie vielleicht in sechs Wochen da."
Der Autofahrer ist schockiert. „Was? Das kann doch gar nicht sein! Ich dachte, ich brauche höchstens noch 20 Minuten!"
„Das geht auch", erwidert der Passant, „aber dann müssten Sie in die andere Richtung fahren."

„Mir reicht's!", schimpft die Ehefrau. „Du hast nichts anderes mehr als Fußball im Kopf! Wahrscheinlich hast du sogar unseren Hochzeitstag vergessen."
„Aber nein, mein Schatz", beruhigt sie der Ehemann. „Das war dieser unvergesslich schöne Tag, als Dortmund die Bayern geschlagen hat."

Und wieder einmal wird um die Ablöse eines Spielerstars zwischen zwei Managern hart verhandelt. Es geht wie immer um sehr viel Geld.
Manager 1: „Bring mir den Spieler. Ist er gut, bekommst du den Scheck!"
Manager 2: „Bring du mir den Scheck. Ist er gut, bekommst du den Spieler!"

Torstens Lieblingsverein ist total pleite, obwohl er vor Jahren in eine Aktiengesellschaft umgewandelt wurde. Seine Kumpels wollen ihn überreden, auch endlich für 1000 Euro Aktien zu kaufen. „Mensch, Torsten, dein Geld ist beim Verein sicher aufgehoben! Dafür haftet doch der komplette Vorstand."
„Und wenn der Verein doch bankrottgeht?", will Torsten wissen.
„Dann muss der komplette Vorstand zurücktreten und das wird dir doch wohl 1000 Euro wert sein."

Spieler zur Ärztin: „Werde ich die Operation überstehen?"
Ärztin zum Spieler: „Na ja, jede Operation birgt immer auch ein Risiko."
Spieler: „Und werde ich dann lange im Krankenhaus bleiben müssen?"
Ärztin: „In zwei Wochen sind Sie spätestens wieder draußen. So oder so."

Der Verein ist pleite, der Präsident ratlos.

„Tut mir leid, Jungs", sagte er bei einer Versammlung, „aber ich kann euch euer Geld diese Woche nicht zahlen."

Da schimpfen die Spieler: „Das Gleiche hast du doch schon letzte Woche gesagt!"

„Na, seht ihr, ich halte eben mein Wort."

Ein Mann sitzt beim Zahnarzt. Da bittet der Arzt plötzlich: „Können Sie bitte mal ganz laut schreien, als wenn es um Leben und Tod ginge?"

„Aber es tut doch gar nicht weh", meint der Mann.

„Egal. Schreien Sie einfach nur ganz laut. Draußen sitzen noch vier Patienten und das WM-Endspiel fängt in zehn Minuten an."

Der Trainer der erfolgreichen italienischen Nationalmannschaft wird interviewt. Der Reporter fragt: „Können Sie uns das Geheimnis der unglaublichen Stärke Ihres Teams verraten?"

Da sagt der Trainer: „Ganz einfach: Das Geheimnis ist, dass meine Jungs jeden Tag ein halbes Kilo Zwiebeln und Knoblauch essen müssen."

Der Reporter stutzt. „Und wie soll das ein Geheimnis bleiben?"

Neulich im Himmel. Der Teufel fragt bei Petrus an: „Hey Petrus, wie wär's mal mit einem Fußballspiel, Himmel gegen Hölle?"

„Ach Teufelchen", sagt Petrus, „da habt ihr doch keine Chance. Wir haben alle guten Fußballspieler hier oben im Himmel."

„Mag sein", sagt der Teufel grinsend, „aber wir haben alle Schiedsrichter hier unten."

Mit seinem neuen Freund muss Alex, ein erfolgreicher Fußballspieler in der ersten Liga, zum ersten Mal in seinem Leben in die Oper. Sie sind viel zu spät dran und die Oper hat schon angefangen. Die Platzanweiserin sagt: „Okay, ich lasse Sie noch rein, aber Sie müssen ganz, ganz leise sein."

„Wieso?", fragt Alex. „Schlafen etwa schon alle?"

Der Manager redet auf den Trainer ein: „Hör zu, du musst den neuen Verteidiger aufstellen! Mit seiner breiten Brust ist er unersetzlich für uns."

Sagt der Trainer: „Was nützt mir eine breite Brust, wenn er zwei linke Füße hat?"

Der Manager: „Schon wahr, aber auf seiner breiten Brust ist unser Trikotsponsor so gut zu sehen."

Der etwas ältere und erfahrene Star der Fußball-
mannschaft beginnt die Vertragsverhandlungen
für die neue Saison wie immer sehr selbstbewusst.
„Also, was schätzen Sie an mir am meisten? Meine
Torgefährlichkeit, meine Kopfballstärke oder meine
unglaubliche Ausbeute im Abschluss?"
„Ach", sagt einer der Manager, „am meisten deinen
Sinn für Humor."

Vorstandssitzung nach der vermasselten
Saison im Büro des Präsidenten. „Trainer, hören
Sie mal", sagt der Präsident streng. „Hatten Sie
uns nicht versprochen, dass die Mannschaft
nach dem Sommer ganz weit oben steht?
Zuckt der Trainer nur mit den Schultern und
zeigt auf die dunklen Regenwolken draußen:
„Seien wir doch mal ehrlich: Soll das ein Sommer gewesen sein?"

Nach wochenlangem Krankenhausaufenthalt ist das
Bein der Starspielerin wieder vollständig verheilt.
Der Arzt hebt das Röntgenbild gegen das Licht und
meint: „Wunderbar, wie die beiden Knochenenden
wieder zusammengewachsen sind!"
Unterbricht ihn die Fußballspielerin:
„Herr Doktor, Sie sollen mich heilen,
nicht bewundern."

Große Pressekonferenz mit dem erfolgreichen Proficlub. Ein Reporter fragt den Leiter der Jugendabteilung: „Herr Hansen, was sagten Sie auf der letzten Hauptversammlung zu den Erfolgen Ihrer Jugendarbeit?"
„Ich? Ich habe dazu gar nichts gesagt!"
„Das weiß ich, Herr Hansen, aber wie hatten Sie es damals formuliert?"

Erster Arbeitstag des neuen, wichtigtuerischen Clubmanagers. Das Büro ist riesig, der Schreibtisch meterlang und der Sessel aus Leder. Kaum hat sich der Manager hinter den Schreibtisch gesetzt, klopft es und ein junger Mann steht in der Tür.
„Kommen Sie rein, setzen Sie sich", sagt der Manager. „Ich muss nur noch kurz zu Ende telefonieren." Der junge Mann setzt sich und der Manager spricht weiter: „Okay, Herr Beckenbauer, wenn Sie mal wieder einen Rat brauchen, rufen Sie mich ruhig wieder an. Auf Wiederhören und schönen Gruß auch an meinen Freund Uli Hoeneß!"
Dann legt der Manager auf. „So, jetzt zu Ihnen, junger Mann. Was kann ich denn für Sie tun?"
„Nichts", entgegnet dieser. „Ich komme von der Telekom und soll Ihr Telefon anschließen."

„Ich denke, ich werde nach Amerika zur WM fahren und mir alle Spiele ansehen."
„Und was wird dich der Spaß kosten?"
„Nichts."
„Wieso nichts?
„Denken kostet doch nichts."

Nach dem Wochenende kommt Mateo zur Arbeit, an der Hand trägt er einen Ehering.
„Krass, Mateo! Du und ein Ehering?", fragt sein Kollege erstaunt. „Ich dachte, du bist der Trauzeuge bei deinem besten Kumpel?"
„War ich ja auch", erklärt Mateo, „aber mein Kumpel hat überraschend eine Karte fürs Endspiel bekommen. Da musste ich halt für ihn einspringen."

Es ist Zahltag in der dritten Liga. Dem Mittelfeldspieler zittern die Finger, während er seine Prämie nachzählt. „Oje, was zitterst du denn so?", fragt der Clubvorstand ganz besorgt. „Ach, weißt du", erklärt ihm der Spieler, „ich rege mich über jede Kleinigkeit auf."

„Stell dir vor, gestern mussten wir unseren Fußballclub auflösen. Nach über dreißig Jahren!"
„Oh, das tut mir leid. Habt ihr eure Lizenz verloren?"
„Nein, unseren Ball."

Emilias Mutter sucht ein Geburtstagsgeschenk für ihre Tochter. Das neuste Trikot von deren Lieblingsverein soll es werden, doch sie zögert noch. „Mit einer kleinen Änderung würde ich das Trikot nehmen", sagt die Mutter zum Verkäufer.
Der fragt: „Und was dürfen wir für Sie ändern?"
Antwortet die Mutter: „Den Preis."

Das Wartezimmer des berühmten Orthopäden Doktor Büchli in der Schweiz ist mal wieder völlig überfüllt. Nach Ewigkeiten kommt endlich eine Schwester und will den nächsten Patienten aufrufen.
„Der Fußballspieler mit dem komplizierten Unterschenkelbruch, bitte!"
Meldet sich einer der Wartenden: „Der ist schon nach Hause gegangen. Sein Bruch war inzwischen von allein geheilt."

Im Gerichtssaal der Richter zum Angeklagten: „Habe ich Sie nicht letztes Jahr erst wegen Diebstahls von Fußballschuhen verurteilt?"
Antwortet der Angeklagte: „Das ist richtig, Herr Richter. Aber glauben Sie mir: Die Dinger halten heutzutage auch nicht ewig."

Herr Novák steht wegen unterlassener Hilfeleistung vor Gericht. „Herr Novák, warum haben Sie denn nicht geholfen, als das Unfallopfer von einem Auto angefahren und durch die Luft geschleudert wurde und schließlich im Graben gelandet ist?", fragt der Richter. „Ach, wissen Sie, Herr Richter, ich bin Bundesligaschiedsrichter und dachte, das wäre eine Schwalbe."

Im Krankenhaus läutet das Telefon auf der Unfallstation.
„Guten Tag", sagt ein Mann zur Krankenschwester. „Ich wollte wissen, wie es dem verletzten Torjäger geht, der vor zwei Stunden bei Ihnen eingeliefert wurde? Wird er denn wieder spielen können?"
„Ja, ich denke, in vier bis sechs Wochen müsste er wieder fit sein. Da können Sie ganz beruhigt sein. Sind Sie denn ein Verwandter?"
„Nein, ich bin es selbst, der Stürmer, hier auf der Unfallstation. Und es waren bestimmt schon zehn Ärzte bei mir, aber mir sagt ja keiner was."

Maximilian knallt beim Straßenfußball hart auf den Beton und holt sich eine blutige Nase. Sein Gegenspieler beruhigt ihn: „Reg dich ab, die Nase hört schon wieder auf zu bluten und die beiden Löcher waren vorher auch schon drin."

Jürgen hat die ganze Fußball-WM auf DVD aufgenommen. Nur ungern leiht er sie seinem Kumpel aus. Nach Wochen gibt dieser sie endlich zurück. Aber Jürgen sieht sofort, dass die DVD vollkommen verkratzt ist. „Ich fasse es nicht!", sagt er sauer. „Warum ist meine DVD so verkratzt?"
Sagt der Kumpel: „Reg dich ab, ich hab doch nur die besten Torszenen markiert."

Markus ist der Keeper der Mannschaft. Vom letzten Spiel kommt er mit einem blauen Auge zurück. Seine Freundin ist ganz besorgt. „Ach, Markus, mein Schatz! Haben denn deine Teamkollegen wenigstens kalte Umschläge auf das Auge gemacht?"
„Ne", sagt Markus, „nur blöde Witze."

Nach dreiwöchiger Pause geht ein Spieler zum Arzt. „Doc, das Mittel, das Sie mir da verschrieben haben, hat bisher gar nicht geholfen."
„Das ist aber komisch", sagt der Arzt. „Haben Sie sich auch genau an die Anweisungen auf dem Arzneifläschchen gehalten?"
„Klar doch, ganz genau. Stand ja auch groß drauf: Flasche stets gut verschlossen halten."

Sonja sitzt im Fernsehsessel und sieht sich ein Fußballspiel an. Da kommt ein Freund von ihr herein und fragt: „Und, ist es gut? Das Spiel?"
„Nicht schlecht", antwortet Sonja. „Aber die Tore fehlen."

„Wieso?", fragt der Kumpel. „Ich sehe doch zwei."

Die Nationalelf kommt vom Länderspiel zurück und steht am Zoll. Da fragt der Zollbeamte: „Alkohol, Zigaretten, Drogen?"
Antwortet einer der Spieler: „Nein, vielen Dank, aber ein Kaffee wäre nett."

Zwei Brüder streiten sich, was sie heute Abend im Fernsehen anschauen wollen. Der Ältere will die Übertragung des WM-Finales sehen, der jüngere Bruder dagegen den Krimi.
„Fußball ist langweilig!", sagt der jüngere Bruder. „Man weiß immer sofort, wer geschossen hat."

Aushang am Schwarzen Brett bei einer Firma: „An alle Mitarbeiter: Alle plötzlich auftretenden Kopf- und Magenschmerzen sowie verstauchte Knöchel und Grippeerscheinungen sind spätestens eine Woche vor Beginn der WM anzumelden."